遺骨は叫ぶ

朝鮮人強制労働の現場を歩く

野添憲治

Nozoe Kenji

社会評論社

遺骨は叫ぶ＊目　次

まえがき　地底からの呻き声に耳を傾ける

日本の韓国併合から一〇〇年になる今年は、日本が朝鮮人強制連行を始めてから七三年でもある。だが、日本と韓国・朝鮮、また日本と中国との歴史問題はいまだに解決していない。また、清算しようとする動きも見えていない。

日本政府が動かないのならまず自分から動こうと、日本に強制連行された中国人が働かされた一三五事業所の現場を、二〇〇一年から歩きはじめた。その現場にはすでに一〇〇年近くも前（早いのでは大正期）に朝鮮人が連行されているので、中国人と朝鮮人を一緒に調べた。花を供えて黙礼をしたあと現場を歩き、生存者や資料を捜した。

しかし、敗戦五〇年後の現場（とくに炭鉱や港湾）は昔の形をとどめているのが少なく、実際に働かされた朝鮮人や中国人はもちろんのこと、日本人関係者を見つけることも難しくなっている。それでも現場を歩くと、かつて過酷な長時間労働をさせられたうえに十分な食事も与えられず、日常的に殴る蹴るの暴行を受け、重病や怪我でも治療を受けられずに死んでいった朝鮮人や中国人の苦痛の叫びが聞こえてきそうだった。

労働現場や居住した跡を訪ねてもっとも心が痛むのは、殺された朝鮮人の遺骨が今も埋められたままになっている所を歩く時だった。北海道の果てとも言われる野付郡別海《べつかい》町には、アッツ島の日本軍が全滅するという戦局が悪化している時に、アジア・太平洋戦争時の日本最大の計根別《けねべつ》飛行場が造られた。

この工事には約三〇〇〇人の朝鮮人が強制労働をさせられたが、事故や病気での犠牲者の数ははっきりしていないものの、四〇〇人は下らないと伝わっている。しかも、滑走路の底へスプリング代わりに約一〇〇体が埋められたという元現場監督の証言で、一九九二年に二回掘ったが遺骨は見つからなかった。飛行場跡は現在は広大な牧場となり、青々と草が伸びていた。滑走路だった所は、コンクリートの破片が散在していた。牧場を歩き、牛の群れを見ながら、遺体を踏みつけているのではないかと思い、地の底から「早く祖国に帰してくれ」と叫んでいるように感じた。

北海道の北端・稚内《わっかない》市の近くに宗谷郡猿払《さるふつ》村がある。アジア・太平洋戦争の末期、この地に浅茅野《あさじの》飛行場が建設された。工事に動員された労働者の主力は朝鮮人連行者たちで、一五〇〇人とも四〇〇〇人ともいわれている。朝鮮人たちの仕事は原野に飛行場を造ること、飛行機を隠す掩体壕を建設することだった。作業は厳しいうえに一日の労働時間が一五時間前後に及び、しかも少量の食事に苦しんだうえに、発疹チフスが流行した。朝鮮人犠牲者の数は不明だが、三〇〇人くらいと推定されている。朝鮮人が埋められた場所を北海道フォーラムが発掘を続けているが、私も二〇〇九年五月の連休に三日間参加した。スコップで掘ると、骨がいくつも出てきた。土がこびりついて黒くなっているが、手でその汚れをふき取ると白くなった。暗い土の中に六〇数年も埋もれていた骨を浅春の陽に当てて、「明るいでしょう。やっと出られましたね」と心の中で言った。

　骨の主の名前はわからないし、どんな殺され方をして埋められたのかもわからない。骨は何も語ってくれない。だが、朝鮮人を日本に連行し、過酷な労働をさせられて死んだり、また日本人に殺された人たちのことは、そのもの言わぬ骨に聞いて語ってもらうことが、日本政府や私たち日本人に求められているのではないだろうか。

「遺骨は叫ぶ」では、朝鮮人連行者が強制労働させられた三七カ所の現場を書いた。現場を歩き、残り少ない資料を調べ、体験した人を見つけて話を聞いたが、犠牲になった朝鮮人が呻く声が聞こえた。だが、その声は現場に足を運ばなければ聞こえてこないのだ。しかもその現場は、敗戦後の長い歳月のなかで風化をはじめ、資料は十分に残されていないうえに、連行や強制労働の事実を語れる人はいまやほんのわずかになった。そして私たち日本人は、犠牲者の骨から聞く心をだんだんと失ってきている。

　実際に作業現場を歩くと、日本のいたるところに強制連行されて犠牲になった朝鮮人・中国人の遺骨が散らばっている。しかも、なぜ散らばっているのかを知らない人が多くなっている。一方、連行された人の家族たちはいまでも、生きて帰ってくるのを待っているという。せめて事実と遺骨を掘り起こして遺族の元に帰してあげることが、日本政府の、そして私たちの責務ではないだろうか。

なお、この著の原稿は「朝鮮新報」に二〇〇七年二月から二〇一〇年五月まで、月に一回連載したのに加筆した。現場によっては現在と少し異なっている所があるかもしれないので、その点はお許し下さい。連載中は朝鮮新報社の朴日粉さんに大変お世話になった。また、取材に同行して下さった大河内次雄・山内明美・千葉由香さんその他の皆さんと、出版に労をとって下さった社会評論社の松田健二さんに深くお礼を述べさせていただきます。

計根別《けねべつ》飛行場 北海道野付郡別海町

滑走路の下に朝鮮人の死体埋めた

計根別第１飛行場跡の格納庫跡

計根別第１飛行場跡の掩体壕

根室《ねむろ》海峡を隔てて国後島《クナシリ》が見える、北海道の北の果てとも言える野付郡別海町《べつかい》の牧場の中に、コンクリートで造られた掩体壕（飛行機を隠す所）がある。その上に上がると、緑の牧草地が広がり、農家が点在している。アジア・太平洋戦争時、この地に日本最大の計根別《けねべつ》飛行場が造られた場所には見えない。

計根別飛行場は、陸軍軽爆飛行場として一九四〇年に、北の守りを堅固にする狙いで計画された。翌年には、旭川《あさひかわ》の広野組が元請けとなり、飛行場が造られる農地から多くの農家が移住させられた。工事が本格的に始まったのは一九四二年一月からで、建設工事は「ケノヒ工事」という暗号で呼ばれ、開通したばかりの標津線を、連日のように建設資材と、全国各地から動員された勤労報国隊、女子挺身隊、勤労動員学徒とともに、「朝鮮人労働者も多く見られ、一時は三〇〇〇人を超える朝鮮人が従事した」（「中標津町史」）という。五月二九日にアッツ島日本軍守備隊全滅と戦局が悪化する中で、工事は強行された。

計根別飛行場の建設に連行された朝鮮人は、直接連れてこられた人や、北海道の炭鉱やダム工事で働いている所から連れてこられた人など、さまざまだった。朝鮮人たちは、当幌川の川沿いに分散して建てられた飯場に収容されたが、「飯場の窓には、三寸角の木の桟がしてあり、中央が通路で両側に寝るようになっていた」（柳四守）、「計根別の飯場は、牢屋みたいだった。壁には、檜のものすごく厚い板が使われ、コンクリートと同じだった。内からも外からも鍵をかけられ、便所も潜って逃げられないようになっていた」（安寿烈）という。飯場に入った時にまず見せられたのが拷問道具で、「拷問道具はいつも飯場においてあり、まず四尺くらいのまっさらなロープ、それで後ろ手を合わせて結び、離そうとすると骨が折れてしまうというもの。たこあげといって人間を縛って、吊し上げるもの。足や指先、爪を刺す穴あけキリなどがあった。」(柳四守)という。拷問にかけられるのは、幹部の命令を聞かなかった時や、逃げて捕まえられた時だが、一〇人のうち、八、九人は死んだ。生き残っても一生不具になった。

計根別飛行場は、第一、二、三、四の四つの飛行場が造られ、それぞれ誘導路で結ばれるようになっていた。飛行場を囲むように、兵舎、倉庫、兵器廠(飛行機を修理する工場)、陸軍病院、格納庫などが建設され、一九四四年二月末に開隊式をあげた時は、二五〇〇人の兵士がいた。これだけの施設を造るのに、延べ約三〇万人と一八〇〇万円を使っている。

朝鮮人たちの主な仕事は、滑走路、誘導路工事の他、格納庫や掩体壕の基礎から側壁などの土木工事だった。滑走路工事は大地を平らにしたあと、一〇〇メートル幅で一メートルの深さの穴を、一二〇〇メートルに渡って掘った。滑走路の底には、熊笹や木を厚く敷き、飛行機が着陸する時のショックを和らげた。その上に砕石などを敷き、さらにセメントを流し込んだが、掘った土をモッコで担ぎ上げ、トロッコに積む仕事は大変だった。しかも「朝はまだ薄暗いうちに飯場を出て作業を始める。それで夜、スコップの先が見えなくなるまで働かされた。一日一五、一六時間の労働で、その間、休みの時間は三〇分ぐらいしかなかった。休日などは一日もなく、どしゃ降りの雨の日でも働かされた。自由に出歩くようなことはまったくできなくて、自分の知っているのは飛行場の建設現場と飯場の行き帰りの道だけです。仕事中とか作業の行き帰りには、一〇人に二人の割合で日本人棒頭」(『中標津町史』)がついて監視した。

長時間重労働をするのに食事がまたひどいものだった。油を絞ったあとの豆粕が主で、なかは腐って黒くなっていた。豆粕を煮たのに南京米がパラパラと入っていた。おかずは鹿児島から送られてくるサツマイモの蔓で、腐って白く粉がふいているのを切り、塩水の汁に入れたものだった。たまに薄く切った塩ホッケやマスが出たが、量も少ないのでいつも空腹だった。そのため、過労と栄養失調で四〇歳以上の人が次々と死んでいった。

また、シラミが大量に発生したので、発疹チフスが広まり、命令を受けて防疫に行った日本人衛生兵は、「計根別で毎日五、六人死んでいる」（「滑走路と少年土工史」）と証言している。計根別飛行場で二年間現場監督をした日本人は、飯場のあった当幌川に沿った台地に「少なくとも一〇〇体は埋められている」「滑走路の下に、スプリング代わりに死体が埋められている」（同）と語っている。しかも、地獄の苦しさに逃亡して捕まると、裸にした体に俵を針金で縛って歩かされた。五〇メートルも行くと、体が血だらけになって倒れた。また、鼻に紐を通して連れて歩くという行為を繰り返している。どれだけの犠牲者が出たかもわかっていない。

日本の敗戦後、第一、二、三飛行場は、旧農家に返還されたり、緊急開拓の入植者に払い下げられ、第四飛行場は、現在も自衛隊が使っている。一九九二年五月に、二回にわたり現地の古老の指導で、延べ一五〇人が参加して遺骨の掘り起こしをしたが、発見できなかった。牧草に埋もれた飛行場跡にいまも埋まったままなのだ。

鴻之舞鉱山《こうのまい》 北海道紋別市

三〇〇〇余人の朝鮮人を強制連行

固く閉鎖されている通気孔

雑木林になった旧鉱山内にいまも残っている煙突

北海道北東部のオホーツク海に面して、紋別市《もんべつ》がある。流氷や漁業で知られている。

かつて紋別市には、全国一の金の生産量を誇った鴻之舞《こうのまい》鉱山があった。アジア・太平洋戦争の時には、強制連行された約三〇〇〇人を超える朝鮮人が働いていたが、その実態の詳しいことはよくわかっていない。

鴻之舞鉱山は、一九一六年に発見された。「鉱況は素晴らしく、金の品位は一〇〇〇分台ばかりか、中には肉眼で容易に見分けられる鉱石」(「北海道金鉱山史研究」)もあったという。だが小資本の鉱山は、事業資金に窮することが多く、売鉱して凌いだりしたが、それも限界に突き当たり、売山へと発展した。これに目をつけたのが別子銅山一山主義から、他の鉱業分野への進出を図っていた住友鉱業で、一九一七年に買収した。その後は、本格的な操業がはじまって産出量も高まり、大金山の基礎を固めていった。しかも、満州事変が始まると、政府は軍需物資の購入を中心とした海外支払いに充当するため大量の金が必要となり、鴻之舞鉱山にも従来の二・四倍に当たる増産が割り当てられた。

探鉱や採鉱のため、諸設備の工事を進めていったが、日中戦争が始まるとその資材も順調に届かなくなった。また、鉱夫の応召も多くなり、労働力も不足してきた。そこに増産の要求である。鉱山では、冬季の農閑期を利用した農民を中心とした産金奉公隊や、商工業従事者を集めた鉱山報国隊などを道内からだけではなく、道外の青森や秋田からも動員したがそれでも不足し、朝鮮人連行者を使用した。

鴻之舞鉱山への第一陣は、一九三九年一〇月「六日、小樽へ入港した五一二名中、三〇二名が、鉄道・バス・トラック・徒歩にて翌日に到着し、第一、第二協和寮に収容された。その後、一九四二年九月二二日、第二三陣として四五名が到着するまで、合計二五八九名が強制連行され、七つの協和寮に収容されて、強制労働をさせられた」（「道都大学紀要」（教養部）第九号）。このほか、四カ所の支山に一三八人、鴻之舞鉱山の坑外の作業を請け負っていた地崎組（現株式会社地崎工業）には「五五〇名の朝鮮人の強制連行が承認され」（「鴻之舞鉱山」）ているので、三二七七人が来ている。

一九四二年六月には、坑内で働く坑夫数が逆転し、日本人の二倍もの朝鮮人が入坑していた。

鴻之舞鉱山に連行された朝鮮人は、最初の頃は二〇代の最も働き盛りの若者がいちばん多く、次が三〇代であった。だが、その後は若者の数が減り、高齢者が多くなった。朝鮮でも若者が枯渇してきたからだが、一五歳の少年とか、五五歳の年配者も来ている。また、連行者のほとんどが農民で、鉱山などでは働いたことのない人たちだった。その人たちが、「二、三日のお座なりの坑内教育を受けただけで、基本的にはそのすべてが危険度の高い坑内労働に従事させられた」（「北海道金鉱山史研究」）のである。しかも、朝鮮人たちの労働は「例外なく坑内作業で、いわゆる採鉱と運搬（トロ押し）であるが、なかでもトロ押しが一番多いようである」（北海タイムス、一九四一年五月一六日）と伝えている。

地崎組の下請けをした大塚組では、一五〇人の朝鮮人が働いていたが、「彼らは布切れ一枚腰に巻いて藁草履を履いただけの姿で、廃液沈殿池の築堤工事をやっていた」という状態だった。

その堤防の材料は、左右の山を掘り崩した岩石で、その岩石をトロッコに積んで運んだが、「足を踏み外して沈殿池の中に落ちて死ぬ事故もよくあったが、会社側はそんな犠牲は当然だといって、かまわず突貫工事を続けさせたんです」（『朝鮮人強制連行・強制労働の記録』）と証言している。

鴻之舞鉱山で過酷な生活や作業をしたのに、病死した朝鮮人は一七人と少ない。それは「治療不能と判定されると、次々と帰国送還させたので、帰国後死亡者を算入すれば」（「道都大学紀要」〈教養部〉第九号）かなりの死亡者数になると推定されている。死亡原因は、肺結核が七人と最も多く、他は心臓病、感冒、法定伝染病である。だが、治療不能という重い病気になった朝鮮人を送還させるという責任のがれをしたのは、鴻之舞鉱山が最も多いのではないだろうか。

鴻之舞鉱山のもう一つの特徴は、朝鮮人の逃亡が非常に多いことだ。支山を含めて四七九人が逃走し、一一一人が取り押さえられたが、このうち二三人が再び逃走し、二一人が成功している。待遇や強制労働がいかにひどかったかを逃走の多さが物語っている。しかし、逃げているだけでなく、鉱山のやり方に抵抗して二八〇人も参加した紛争を始め、たびたび闘争をしているのも特筆される。

また、災害死亡者は三〇人で落盤や斜坑への転落などが原因だ。鉱山にあった鴻恩寺の沢田住職は、「飯場の朝鮮人労働者は、死んでも葬式はやらなかったし、どこに埋められたのかもわかりません」と語っている。現在は、鉱山用地に入れないので、埋めた場所を捜すことはできない。

一九四三年の金鉱業整備令によって、鴻之舞鉱山は「休山保坑鉱山」になったので、朝鮮人連行者は四月に全国の住友系の鉱山へ配転になり、新しい地で再び過酷な労働についた。

雄別《ゆうべつ》炭鉱　北海道釧路市

特高警察が監視、骨折すると治療せず切断

閉山のときに会社が建てた碑

立派な道路の奥に炭鉱跡があるのに通行止めにしている

北海道釧路《くしろ》市街から約四〇キロ離れた阿寒川支流の舌辛川（現在は釧路市に編入されたが以前は阿寒町）の上流に、豊かな産炭地があることは早くから知られていた。しかし、運搬の条件にはばまれて本格開坑は遅れていた。最初に採掘したのは一八九六年で、石炭は船に積んで舌辛川を下り、三日がかりで釧路に着いたという。冬は川の結氷を利用してそりで運んだが、困難な輸送が隘路となり、一〇年ほどで中止している。

一九三三年に北海炭鉱鉄道株式会社が設立されて採炭を開始すると同時に、雄別《ゆうべつ》炭鉱─釧路間に鉄道を敷設する工事に着手した。二年後に開通し、鉄道で送炭がはじまったが、大戦後の不況で経営が悪化し、一九三八年に三菱鉱業に買収され、社名を雄別炭鉱と変更した。しかし、日中戦争の拡大で雄別炭鉱でも増産体制を進めたが、戦争が激しくなるにつれて働き盛りの若い坑夫が次々と出征して労働力が不足し、出炭能力は低下して一九四一年を頂点に出炭量が落ち込んだ。雄別炭鉱では北海道内外から集めた鉱山勤労隊を入山させ、坑内でも働かせたがそれでも労働力が不足して出炭は増加しなかった。石炭が不足して操業を停止する工場がでたり、女子の坑内労働の許可を厚生省命令で出したりした。

一九三九年七月二八日に「朝鮮人労務者内地移住に関する件」の内務・厚生両次官通牒がでた。三カ月後の一〇月中旬には五〇〇人が釜山～小樽の海路で日本に着くと雄別炭鉱に運び、第一～第四至誠寮に収容した。いかに労働力の払底に泣いていたかがわかる。

さらに一一月上旬には二回に分けて一七一人が、今度は経費や石炭不足の関係から陸路がとられ、関釜連絡船で日本に着き、鉄道で雄別炭鉱に運ばれた。炭鉱の日本人は「鮮人という言葉を使用させず、半島人、吾々を本島人と言わせ、全部挙手の礼をとらせる」と同時に、「特高警察が炭鉱の朝鮮人の生活のすみずみまで眼を光らせて監視をつづけ、アメとムチの両手段を行使して、生産増強に朝鮮人を酷使した」(「強制連行慰安婦・在韓米軍問題」)のである。地元の釧路新聞は一一月九日に三段抜きの「太平洋・雄別両炭鉱共/増炭成績は良好/空知、石狩地方炭田を凌ぐ」という記事を載せている。朝鮮人連行者が炭鉱に着いて短期間にこれほど増炭成績を上げているのは、それだけ酷使されたということである。

北海道新聞の一九四三年一月二七日には四段抜きの見出しで「増産へ挑む砿夫/二〇カ月無休の半島人」という記事が載っている。二〇カ月も休みなしで、一日一三〜一五時間の重労働では体が保たないだろう。しかも、「ヘトヘトになった体でケガをしても、病院には内科の葛西先生一人であとは全然専門外の代診だけで、足を切ったり、キズを縫うのは全部代診氏がやっていたから、雄別では松葉杖を利用する人が実に多かった。ちょっと面倒な骨折は、全部切り落としてしまったからである。今、あの頃の手や足を切り落とされた朝鮮人は北朝鮮あるいは南朝鮮の空から、日本をどんな気持ちで見つめているだろう」(「雄別炭鉱労働組合一〇周年史」)とは、ひどいことではないだろうか。

新聞報道では一九四〇年にも、陸路で朝鮮人が雄別炭鉱に来ている。だが、最終的にどれだけの朝鮮人が雄別炭鉱で働いたかは、資料がないのでわかっていない。いまも地元に残っている炭鉱関係者に聞くと、「まぁ一〇〇〇人はいたと思うな」と言っていた。雄別炭鉱で働いた一日本人の回想では、「わたしのいたのは雄別一七〇メートルのロングで四五人いたが、そのうちの日本人は八人位であとは全部朝鮮人だった……朝鮮人に対しては日本人以上にヤキが入れられた。タコとほとんど変わらなかった……戦時中でも朝鮮人の集団的抵抗があった。ことに尺別では一八年（一九四三年）当時、全釧路の警察が動員された大きな抵抗があった」（「戦時中から昭和二四年春までの北海道並びに全国的な炭鉱労働運動」）という。いかに朝鮮人が多かったかがわかると同時に、ヤキが入れられてタコと同じだったとは、虐待がひどかったということだ。それが度をこしていたので集団的抵抗をしたのだろうが、一九三九年の「特高月報」にも、「日本人鉱夫の暴力行為と待遇改善でストライキ」が一二月五日に発生したことが載っている。

また、朝鮮人の死亡やケガなどもわかっていない。ただ、北海道の戦時下朝鮮人労働関係年表には、二件の事故を記録している。一九四二年一二月六日には雄別茂尻鉱で出水事故があり、七人死亡のうち朝鮮人二人。一九四三年七月一三日にガス炭塵爆発で五人死亡のうち朝鮮人二人。あとはわかっていない。しかも、一九四四年八月に政府令で坑夫と一部の設備を九州の鯰田・上山田・飯塚の三菱系炭鉱へ転送した。石炭の海上輸送が困難になったことと、原料炭重点採掘鉄となり、雄別炭鉱がそれに適しなかったからだ。「朝鮮人のほとんどと、鉱員、職員の多数が家族を雄別に残して九州へ発った」（「阿寒町史」）。敗戦後に雄別炭鉱は操業を再開したが、朝鮮人は戻らなかったという。一九七〇年に雄別炭鉱は閉山した。

二〇〇八年九月、筆者は阿寒町に行き、鉱山がそのまま残っているという雄別炭鉱に向かったが、途中で通行止めになっていた。廃墟になった炭鉱跡を見せたくないのだろう。

浅茅野《あさじの》飛行場　北海道宗谷郡猿払村

過酷な労働と虐待、真実の掘り起こし急務

今は牧場になっている飛行場跡

旧共同墓地と慰霊柱

北海道の北端、稚内《わっかない》市からオホーツク沿岸を六〇キロほど下った所に、酪農とホタテ漁で知られる宗谷郡猿払《さるふつ》村と浜頓別《はまとんべつ》町がある。

アジア・太平洋戦争時、陸軍は豊かな生活が生きづくこの地に、浅茅野飛行場の建設を突貫工事で進めた。この工事には強制連行した多くの朝鮮人を使役したが、過酷な重労働や粗食、病気や棒頭による虐待などで犠牲者が続出した。日本政府や工事を請け負った企業は、敗戦後六五年が過ぎても、この事実を明らかにする努力をしていない。

浅茅野飛行場は「宗谷海峡の防衛と対米作戦を意図して建設された」(『発掘事業』二〇〇六年報告書)という。『浜頓別町史』によると、第一飛行場建設は一九四二年六月頃から着工した。陸軍航空本部仙台出張所の直轄で、鉄道工業、丹野組、菅原組、川口組が行なった。第二飛行場建設は四二年四月頃から着工。この工事のために朝鮮人が来た時の様子について、「浜頓別駅に特別列車が到着した。憲兵の監視の中、朝鮮からの労務者三〇〇人が、不安と寒さに震えながら次々と下車。駅前に待ち構えたトラックが早速、一二キロ離れた六月に着工したばかりの飛行場建設現場に運び去った」と『ふるさと百話』に記録されている。

日本政府や関連企業が資料を公開しないため、強制連行された朝鮮人の数はわかっていない。資料によると、「およそ一〇〇〇人から一二〇〇人の朝鮮人が浅茅野にいた」(『発掘事業二〇〇六年度報告書』)。また、工事を担った丹野組の藤本庄八は「浅茅野飛行場で働いた(朝鮮人は)一五〇〇人」(『朔北の地に埋もれた涙』)と証言している。この他に「この工事に動員された労働者は、少数の日本人と、強制連行されてきた約四〇〇〇人の朝鮮人労働者であった」(『朝鮮人強制連行・

強制労働の記録』）とさまざまだ。

浅茅野に連行された朝鮮人が入った飯場は新築のバラック建てで、四方がベニヤ張りで窓がなかった。夜は飯場ごとに鍵がかけられた上、周囲には逃亡を防ぐために鉄条網が張り巡らされていた。

寝床にはムシロを敷き、汚れた二枚の毛布が支給された。丸太に毛布を巻いた枕を使い、四、五人が寝た。朝に丸太の端を叩くと、一度に四、五人が目を覚ます仕掛けだった。

朝鮮人は午前五時に起こされ、立ち飯台で食事をした後、行列を組んで作業現場に連れ出された。主な作業は原野に飛行場を作ることと、飛行機を隠す掩体壕の建設だった。人の背よりも高い根曲がり竹を刈り払い、大木は切り倒して抜根した。朝鮮人は裸足なので、釘のような竹の切り口に刺され、足は血で染まった。その跡にはトロッコで土を運び、谷間を埋めた。

滑走路は数人で練ったコンクリートを二斗樽に詰め、二人で竿に引っ掛けて運搬し、台地に敷いた。掩体壕はモッコで土を担ぎ上げ、高い土塁を作ったが、いずれも過酷な作業だった。昼は三〇分で食事を取り、日が暮れるまで続いた労働は、北国の長い夏だと一四、五時間に及んだ。

食事は、朝と夕は大根葉などを混ぜた外米飯がどんぶりに半分と味噌汁、昼は小さな握り飯が二個、多くの人が栄養失調で苦しんだ。

体がやせ細り働きが鈍くなった朝鮮人は、現場の棒頭が蹴飛ばして土の中に埋めたり、棍棒で叩きのめして池に落としたりし、そのまま死なせることがあった。原っぱの井戸に飛び込み、自殺する人もでた。生きる望みを失い、逃亡する人が増えたものの、ほとんどが捕らえられた。飯場に連れ戻されると見せしめにツルハシの柄で殴打され、そのまま発熱や下痢などを起こして死んだ。

病気になる人も多く、浜頓別町の弘山医院では「廊下も階段も足の踏み場がないほど大勢の朝鮮人がいて、アイゴー、アイゴーと泣いていた」という記録がある。また、作業服は一着だけで、汗や雨で濡れても着て眠り、翌日そのまま仕事にでた。水洗いもできない。そのためシラミが沸くようにでた。

四四年に発疹チフスが大流行し、多くの死者がでた。遺体は資材や荷物の輸送係の馬車屋が、猿払村の成田の沢の共同墓地に運んだ。「直径二〇メートルぐらいの穴が掘られ、その穴の中へ死体を投げ」入れたという。「少ないときは一〇体、多いときは五、六〇体の死体を運んだ。一日に二往復することも度々だった」。しかも、チフスの蔓延を防ぐためと将校に命ぜられ、「現に息をし、うめいている人たちを生きたまま穴へ投げ込んだ」（『朝鮮人強制連行・強制労働の記録』）という。

浅茅野飛行場建設工事での朝鮮人犠牲者の数は今も不明である。『発掘事業二〇〇六年報告書』では一一九人（国籍が朝鮮―九五人、日本―一五人、不明―九人）の他に、八〇人ほどの死亡者がいたと推定されている。また、役場に死亡届がだされない、「闇から闇に葬られた人たち」がおり、その数も不明だという。『北海道探検記』（本多勝一著）では遺体を運んだ証言者が、「自分が運んだ分だけでも二〇〇体」と推定している。

◇　◇

『宗谷要塞関係聴取録』によると、第一、第二飛行場とも、戦時中に完成している。「こうしてできた板敷きの滑走路には、赤トンボや戦闘機が一回姿を見せただけで終戦を迎えた」（『ふるさと百話』）という。巨費をかけたうえに多くの犠牲者を出した飛行場建設は、いったい何だったのだろうか。敗戦後に飛行場は民間に払い下げになり、現在は牧場になっている。

多くの朝鮮人が埋葬された成田の沢の共同墓地は、五三年に地元住民が新しく造成した所に日本人の遺骨を移したので、朝鮮人の遺骨だけが残った。墓地は私有地になり、トドマツが植樹された。しかし、朝鮮人の遺骨をこのまま放置できないと思った地元の人たちが、発掘を試みたという話が伝わっている。

二〇〇五年秋、「強制連行・強制労働犠牲者を考える北海道フォーラム」が、朝鮮人の遺骨がまだ埋まっているという地元の古老の証言に基づき、旧共同墓地で発掘を行ったところ、成人男性の埋葬遺体が一体出土した。翌年夏には総勢三〇〇人が参加した発掘作業で埋葬遺骨一体、火葬遺骨一〇体分が出土し、法要を営んだのちに浜頓別町の天祐寺に預けられた。

今回（二〇〇九年）の発掘調査には「北海道フォーラム」、猿払村、浅茅野地区住民、北海道大学、忠北大学（南朝鮮）などから約五〇人が参加した。期間中にほぼ全身の遺骨一体を含む七人の遺骨が発掘された。旧共同墓地にはまだ遺骨が埋められている場所が四カ所確認された。

最終日の五日に浅茅野交流センターで開かれた追悼式に、池玉童さんが参列した。飛行場建設に連行され、その時に殴られて右耳の聴力を失ったという池さんは六六年ぶりに現地に赴いた。過酷な労働やチフスで生死をさまよった体験を明かし、この地で亡くなった同胞に「（自分は）生きて帰って申し訳ない」と、白木の箱の遺骨に手を合わせて涙ぐんだ。そして、「連行された家族たちは今も、生きて帰ってくると待っている。どうか真実を掘り起こし、せめて遺骨が遺族の元に帰ることができるようにしてください」と訴えた。

「北海道フォーラム」では、第二次発掘に取り掛かる前に、日本政府、北海道、工事を請け負った企業の後継会社に発掘の計画を伝えた。

しかし、六〇数年ぶりに次々と遺骨が掘り出される中、一通の手紙も、一本の電話も寄せられなかった。

雨竜《うりゅう》ダム　北海道雨竜郡幌加内町

ダムの堰堤に犠牲者らを放置

朱鞠内共同墓地にある「朝鮮人追悼墳」

雨竜ダムと発電所工事で犠牲になった人の「殉職者慰霊塔」

戦時中に各地で盛んに造られたダムや発電所の工事に、たくさんの強制連行された朝鮮人が働かされた。どこの工事現場も機械の使用はほんの一部で、モッコ、リヤカー、トロッコを人力で動かして大工事を進めたため、犠牲者が多く出た。

北海道でもいくつかの大工事が行われた。その中でも「貯水池の大きさは北海道最大」であり、この貯水池を利用する雨竜発電所は「北海道最大の水力発電所」（『北海道大百科事典』）と言われた雨竜ダム（朱鞠内《しゅまりない》湖）の工事では、朝鮮人の犠牲が大きい。このダムは、天塩山地に源を発する雨竜川の上流部に建設された。この工事を施工した雨竜電力は、三井鉱山の傘下にあり、一九二八年から一〇年間の調査ののち雨竜ダム建設工事（三七～四三年）が行われた。工事は、五工区に分かれ、元請けは飛鳥組で、その下請に丹野組、谷組、柴田組、相沢組、長谷川組、安川組などが入っていた。

この工事に朝鮮人連行者が連れてこられたのは三九年からと言われ、最盛期には二〇〇〇人から三〇〇〇人が強制労働をさせられた。朝鮮人の飯場は、一棟に一三〇人も入る大きなもので、窓には逃げないように鉄の桟がしてあり、出入口には、倉庫にかけるような大きな鍵をかけていた。「夜は頭を内側に、通路を挟んで両側に半分ずつねるんだけど、夜中じゅう、真ん中の通路を棒を持った監視人が行ったり来たりして見張っている」（尹永完）ので、隣の人と話をしても棒で殴られた。一つの飯場に監視人が三〇人から四〇人もいたという。

衣服は中国から着てきたシャツの上に、ミノやムシロを着た。履き物はほとんどわらじ、冬は布団の破れたのやボロ切れを紐で足に巻き付けた。マイナス三〇度を超す厳寒の中で、こんな服装では耐えられず、ほとんどの人が凍傷にかかった。しかし、病院治療は受けられず、飯場で休ませることもなく、工事現場まで連れて行った。

食事は、飯台の上にアルミニウムのような食器に飯を盛ったのと塩汁が置かれ、立ったまま食べた。夜のオカズに塩マスとたくあんが一切れ出たが、これで重労働を一日に一二時間から一八時間もするのだから、どの人も空腹に苦しんだ。遠くへ働きに行く時は弁当持参だったが、朝のうちに組の監視人や親方たちが弁当の中身を食べて空の弁当を包んで持たせたので、朝鮮人たちは昼食抜きになった。空腹と苛酷な労働に耐えきれず逃走する人がよく出たが、ほとんど捕えられたという。飯場に連れ戻されると柱に縛り、皆を座らせた目の前で見せしめに棒で殴った。気絶すると水をかけて気づかせ、また殴った。そのまま死ぬ人もいた。

雨竜ダム工事は、五工区に分けられたが、難工事で多くの犠牲者が出たのが一工区と四工区だった。一工区は、雨竜川をせき止めるダムの堰堤を、四工区は第二ダムから隧道を掘って雨竜ダムに水を落とす工事だった。雨竜ダム工事の場合は、川の両側の山にワイヤーを張って吊り橋を造る。その上に足場を組んでレールを敷き、コンクリートを積んだトロッコを走らせたが、堰堤は四五・五メートルと、目も眩むような高さだ。足を滑らして「何十メートル下のコンクリート打ち場に落ちるともうダメです。落ちるのが悪いというのでだれも助けない。そのまま上にコンクリートを流して埋めてしまう。ケガをして仕事ができないとなると、もう終わりです。どこかへ連れて行かれて行方がわからなくなった」（「朝鮮人強制連行・強制労働の記録」）という。

また、トロッコで運んだコンクリートが「流れ込んでくる下では、コンクリートを平らに馴らすために多くの人が働いていた。途中でトロッコがひっくり返って大きな石を含んだコンクリートが、下で働いている人たちの上に落ちた。下では必死に逃げるが、足元がコンクリートの生なので思うように動けず、石に当たってケガをしたり、死んだり」(「雨竜ダムを探る」)した人も、コンクリートに埋められた。堰堤には、多くの人が埋められていると、地元には伝わっている。

四工区は隧道を掘る仕事だが、落盤事故が多く、一度に何人も死んだ。また、工事が難航したので、人柱にされた人もいたという。難工事中にどれほどの犠牲者が出たかは、はっきりしていない。一九七一年の『幌加内町史』では犠牲者数が一七五人と記録されているだけで、日本人と朝鮮人の区分けは不明である。「笹の墓標展示館」パンフレットには、日本人一六八人、朝鮮人四五人の犠牲者が出たとある。また地元では、「三日おきぐらいに一つの葬式が出た。工事期間中には、日本人、朝鮮人を合わせて一〇〇〇人ぐらいは死んだんじゃないですか」と推測を語る人もいるという。

一九五五年頃に役場職員が調査で朱鞠内共同墓地に行った時に、何度も足が土にめり込んで穴が空いた。ダム工事の死者を埋葬した跡だったと『雨竜川物語』に書いている。

後に空知の民衆史を語る会などでは、二〇体を超える遺骨を発掘しているが、未発掘の遺体がまだ残っているという共同墓地を歩きながら、一日も早く実態の解明をしなければと思った。地元の自治体は観光だけではなく、過去のこのような事実を明らかにすることにも力を入れるべきだろう。

三菱美唄《びばい》鉱業所 北海道美唄市

ガス爆発、集中豪雨で夥しい犠牲者

三菱美唄鉱業所の立て坑巻き揚げやぐら

三菱美唄鉱業所の原炭ポケット

ＪＲ函館本線の美唄《びばい》駅から車で約三〇分で「炭鉱メモリアル森林公園」（美唄市東美唄町）に着く。一九七二年に閉山になるまで、ここは三菱美唄鉱業所の心臓部だった。朱色の鮮やかな立て坑巻き揚げ櫓、原炭ポケット、開閉所の主要な三施設が一度に見渡せる。だが、この炭鉱で働いた日本人坑夫をはじめ、強制連行された朝鮮人、中国人たちの足跡はどこにも残っていない。

美唄の豊富な石炭が世に知られたのは、開拓使の招きで来日した米国人地質学者ライマンを隊長とした資源調査隊が、一八七四年に出した報告書だった。無尽蔵といわれた美唄の石炭開発に多くの人たちが挑んだ。会社や個人は枚挙にいとまがないが、それぞれ苦難を続けていた。やがて、北海道進出を狙っていた三菱が、一九一五年に飯田炭鉱や美唄鉄道などを買収して、北海道の拠点としたが、第一次世界大戦の好況に乗って発展した。一九一九年の年間出炭量は五七万トンを記録し、道内でも屈指の大炭鉱となった。この時代の従業員は三〇〇〇人を超えていたというが、そのなかに朝鮮人が入っていたという。

三菱美唄鉱業所にはじめて朝鮮人が入ったのは、一九一七年に一二四人という資料が残っている。美唄のほかの炭鉱には、一人も来ていない。これが一九二八年には六〇三人に増加している。この人たちがどのようなルートで三菱美唄鉱業所に来たのかはわかっていない。ただ、この時に働いた朝鮮人たちの多くは、昭和恐慌下でいちばん先に首切りの対象となった。不況の冷たい風が吹く異国で、どのように生き抜いたことだろうか。

しかし、日中戦争がはじまると、石炭の増産が活発になり、炭鉱での労働力が不足した。必要な労働者を確保するため、日本政府の「半島人労務者活用に関する方策」に基づき、朝鮮総督府は組織的で強制的な「官斡旋」という連行政策をはじめた。三菱美唄鉱業所では一九三九年から三年間に二〇〇〇人の募集割当を受けたが、慶尚北道や南道に、社員を五、六人ずつ派遣して人集めをさせた。その第一陣三一八人は、一九三九年一〇月二〇日に美唄に着き、一心寮に収容された。一二月にも約三〇〇人の朝鮮人連行者が入山したが、三菱美唄鉱業所の「朝鮮人連行者の推移」（最初の三年間は、一二月末。その後は六月末）は次の通り。

一九三九年　六九九人　　一九四〇年　一一八二人
一九四一年　九四七人　　一九四二年　一三六六人
一九四三年　一五五二人　一九四四年　二三〇九人
一九四五年　二八一七人

三菱美唄鉱業所にはこれほど多くの朝鮮人が連行されてきたがその待遇は悪く、一九四一年に入山した丁在元は「事務所の壁には、いつもムチ、竹刀、樫の棒など、リンチ道具がいっぱい掛けてあって、それでぶん殴るんですよ。私も飯の大豆粕が腐っていたもんだから文句を言ったら引っ張っていかれて、代わる代わる四時間も殴られた」（『朝鮮人強制連行　強制労働の記録』）と証言している。

朝鮮人たちの約九〇％が、地下の深い坑内で働かされた。日本人の先山一人に、朝鮮人の後山二～三人就くのが普通になっていた。朝は五時前に起きて食事を終わり、六時には坑内で働き、午後六時まで働いた。夜勤の場合は、午後六時から翌朝の午前六時までの一二時間労働だった。これほど長時間働かせながら、毎日の食事は大豆と燕麦が多かったので栄養不足となり、皮と骨ばかりに痩せている人が大半だった。仕事も食事もあまりひどいので「ここで死ぬよりは」と、厳しい監視の網の目を潜って逃走する人が出た。しかし、ほとんどが捕まり、ムチや竹刀でメッタ打ちにされた。北海道地方鉱山局に残る資料では、三菱美唄鉱業所から一九四四年四月から一一月までに逃走した朝鮮人は、二一二人となっている。大変な人数だが、それだけ朝鮮人の置かれていた状況は苦しかったのだろう。

三菱美唄鉱業所で連行した朝鮮人の数はわかっているが、病気や事故などで死亡した人数はわかっていない。ただ、三菱美唄鉱業所も含めて、一九四五年六月末で美唄町にあった四鉱山の朝鮮人は四九九二人だが、一九四〇年から六年までの死者は、五五九人が確認されている。ただ、三菱美唄鉱業所ではガス爆発がよく起きたが、一九四一年の爆発では五三人の遺体が地底に残されたが、そのうち一四人が朝鮮人だった。一九四四年の爆発では一〇九人が命を落とし、七〇人を超える朝鮮人犠牲者の氏名がわかっている。しかし、大事故の死者はこの中に含まれていないといわれている。このほか、下請をしていた黒田組の朝鮮人飯場の約一〇〇人は別枠の人たちで、一九四三年の集中豪雨の時に、出入口に鍵をかけられたまま、濁流にのまれた話も残っている。

現在の美唄市には、華やかな時代の遺物は残っているものの、朝鮮人連行者の悲劇を伝えるものはない。

夕張《ゆうばり》炭鉱　北海道夕張市

山の上に「監獄部屋」「タコ部屋」

夕張市に残る炭鉱の残骸

末広共同墓地の「神霊之墓」

財政破綻で揺れている北海道夕張《ゆうばり》市本町から南に下ると末広地区で、昔は古い炭住が並んでいた。その西側の山の斜面に、末広共同墓地が広がっている。だがこの墓地には、太い木がほとんどない。戦時中に北炭（北海道炭鉱鉄道会社）が、坑道を支える坑木として伐採したからだ。

北炭は坑木を伐る山林をたくさん持っていたが、遠隔地から輸送する手間を惜しみ、「墓地の木を伐れば罰が当たる」という「ヤマの人たちの声を足蹴にして伐ったからだ」（「地底の葬列」）と言う。この末広共同墓地に、過酷な労働や、逃亡者に対する激しいリンチなどで死んだ仲間の霊を慰めるため、夕張鉱寄宿舎朝鮮人有志一同が建立した「神霊之墓」がある。

異国の土となった人たちが、祖国、朝鮮をはるかに眺められるように西向きに建っている。

一九三〇年五月の建立というから古いが、北炭・夕張にはこれほど早くから朝鮮人たちが来ていた。北海道庁の技師だった坂市太郎が幌内を調査したときに、石炭の露頭を見つけたのが一八八八年。翌年には北炭が創立され、夕張市で最初の「夕張炭鉱」は一八九〇年に開坑された。

開発が始まった時の坑夫は一三〇人だったというが、「炭質が良く、埋蔵量が豊かなことから急速な開発」（「炭鉱―盛衰の記録」）が進められ、坑夫数も増加した。

一八九四年に一四八〇人だったのが、日露戦争後の一九〇五年には、約四八〇〇人に増えていくが、その中で朝鮮人はどうだったのだろうか。

大正時代（一九二五年前後）に北海道にいた朝鮮人労働者のほとんどが、石狩炭田の炭鉱労働者だったといわれている。北炭夕張には一九一六年に三五人の朝鮮人が入山したという記録があり、これが最初の大量採用の始まりのようだ。

この人たちがどこから来たのか、また、その後どうなったのかを知る資料はない。しかし、北炭の中で「最も多くの朝鮮人労働者を使用したのは、夕張鉱業所であった。最盛期の一九二八年には、八二八人の数に昇っている。だが、一九三〇年以降、国内の不況が深刻化するにつれて、朝鮮人労働者数は、一〇〇名を下回っていった」(「炭鉱に生きる」)が、こうした中で、朝鮮人たちは「神霊之墓」を建てたのだ。それまでに、どれだけの犠牲者があったのかはわかっていない。

その後、大陸への侵略が本格化するにつれて石炭は増産され、坑夫などの労働力不足が深刻になった。北炭は、その不足分の補充を朝鮮人に求めたが、朝鮮人強制連行が始まった一九三九年の北海タイムス(一〇月九日付)は「半島人労働者第一陣職場の夕張各鉱に入山」の見出しで、「本道鉱山労働力の不足を補うため、遙々朝鮮から応募してきた半島労働者三〇二名の一団は、職紹及炭鉱汽船係員に引率され、室蘭に入港し、追分経由七日午後六時三八分夕張着、炭鉱汽船夕張鉱に入山した。一行は、最年少一八歳から最年長四〇歳まで、大部分は二〇~三〇歳の働き盛りの農村青年」と報じた。この以後、朝鮮人強制連行者は年を追って増加していく。

だが、「朝鮮人労働者が宿泊する寮は、夕張では最も不便で、なおかつ逃亡しづらい山の上に集中していた。その寮は、『監獄部屋』『タコ部屋』と呼ばれ、窓には鉄格子があり、外には番犬を連れた不寝番の見張りがおり、まさに監獄であった」(「地底の葬列」)という。

朝鮮で農業をしている時に北炭夕張に連行され、坑夫として働いた安正玉は、「掘る所は広いが、そこまで這っていかなければならない。朝、炭鉱に入ったら、夜、生きて還ってこれるかわからない恐い所だった。ノルマで決められた仕事をすませないと外に出さないから、ひどい時は、朝の七時から一九時間も働かされて、翌朝三時に外に出たなんてこともある。仕事中は、水も飲ませなかったし、便所にも行かせない。ちょっと休んでも、見つかると石をぶつけられる。下手をすると、皮バンドに水を付けて、全身を打たれ半殺しに遭う」と証言している。

毎日の食事は、豆かすが主で、それも量が少ないのでいつも空腹だった。現場から帰るときに知らない家に入り、「飯を食わせてくれ」と頼んだが、食べさせる家はなかった。空腹で長時間酷使されるので、逃亡する人が出た。すると、番犬を連れた山狩りですぐに捕まり、見せしめに大勢の前でリンチを加えた。

捕らえられた朝鮮人は「荒縄で縛られたまま引っ張られてきた。そして、革の鞭や棒で長い間殴られていた。その人は、全身血まみれになり、『アオー、アオー』と叫びながら死んでいった」(本間隆)と、目撃した人は語る。

夕張市の朝鮮人連行者は、年ごとに多くなり、一九四五年には一万数千人にまで増加している。しかし、日本が敗戦になっても朝鮮人には知らせず働かせ、四一日後の九月二五日になって知らされた。怒った朝鮮人は、悪質な寮長や現場監督へ報復行動に出たので、鉱業所の幹部職員は夕張市を離れて身を隠した。しかし、一〇月九日に朝鮮民衆大会を開き、朝鮮人労働組合の結成へと発展させた。

組合は北炭に死亡・負傷朝鮮人処置などを求めたが、会社側は大量離山という状況を利用して要求を実現しなかった。

夕張市の朝鮮人強制連行の実態は、いまもその多くが空白である。

室蘭日本製鋼所 北海道室蘭市

寮ごとに下士官あがりの指導員置き徹底監視

室蘭日本製鋼所

地崎組の寮が建っていた跡地

室蘭市は、北海道では最大の軍需工業の基地であった。その中心になっていたのが、日鉄輪西製鉄所と日本製鋼所であった。この二つの企業は日露戦争後に発足したが、さらに大きく発展させたのは三井であった。当時、北海道炭鉱鉄道株式会社を支配するようになった三井は、その「鉄道を政府に売って得た三千万円の資金を、一部は汽船の購入と輪西製鉄所に投資し、残りの一半を日本製鋼所の経営に向けた」（「室蘭発達史」）のである。「室蘭製鋼所は、その工事に使役せる土工を、既に二〇〇〇余名も殺したるが、この工事が完成までには、凡そ千余名を殺す見込みなりという」（東京社会新聞・一九〇八年五月五日付）記事にも見られるように、北海道の工業化は、多くの人命の犠牲の上に進められた。

二つの企業は、満州事変の直後から大きく発展するが、日中戦争の頃から労働者が不足した政府は「国家総動員法」を公布した。アジア・太平洋戦争の開戦でさらに人手不足が深刻になり、日鉄輪西製鉄所では、一九四二年から三年間に訓練生という名目で、一〇回にわたり朝鮮人の青年を強制連行してきた。第四期生として一九四三年に連行された崔啓光さんはこう語る。

「私の郷里の慶尚南道に、日鉄は労務課の整員係というのを常駐させて募集をやっていたんですが、その対象は、郡当局が推薦する人たちで、大体小学校ぐらいは出ている人を、郡ごとに一〇人から三〇〇人ぐらい選ぶ。それを一期ごとに三〇〇人ずつ、まとめて一〇期まで連行したわけです。輸送中は監視つきで、日鉄に着くと基礎訓練を受けるんですが、指導員は軍隊の下士官あがりの日本人で、行進、銃剣術、食事ごとの『皇国臣民の誓詞』暗誦、訓示などがその内容でした。その後、各職場に配属された」

朝鮮人は協和寮に入ったが、窓には桟があり、寮ごとに二メートルほどの板塀で囲っていた。部屋は一〇畳間に一八人が入れられたので、身動きができないほど狭かった。床は板張りで、真ん中にストーブがあり、両側に三段ずつ棚が作ってあり、そこで寝た。寮ごとに六～七人の下士官あがりの指導員がいて、朝晩に点呼があり、交代で監視した。食事は一九四三年頃は、米と麦の飯が出たが、翌年になると米は見えなくなり、しかも盛り切り一杯なので、空腹に悩まされた。また、日鉄は、「技術を覚えさせる」という触れ込みで日本へ連れて来たが、重労働をさせるだけで技術らしいものは身につけさせなかった。

「重労働で食事が少ないので、三〇〇〇人連れてきたのに、一〇〇〇人くらいは逃げましたね。寮から逃げるのは難しいので、職場から普段着に着替えて逃げていたね。だが、ほとんど捕まえられ、桜の棒で死ぬほど殴られた後、芦別の爐材工場（製鉄用のレンガを焼く工場）に送られ、死ぬような強制労働をさせられたそうです。あちこちの職場で死んだり、ケガする人も随分出たようで、私は操車係で手旗を振っていたが、汽車に轢かれて死んだ人もいました。仏坂にあった鉄道工業で、六人の朝鮮人が虐殺されたという話も聞きました。」（崔啓光）

日本製鋼所室蘭製作所に朝鮮人連行者がきたのは一九四四年一一月頃で、構内貨車の積卸作業をさせたと、当時の北海道新聞（一一月一二日付）に載っている。人数は四〇五人とほかの資料にあるが、その他のことはわかっていない。

また、戦時中の室蘭港で港湾荷役として、朝鮮人連行者を使ったのは日本通運室蘭支店である。一九四三年から三回にわたり、朝鮮から直接連行してきた。全部で一六〇人だが、そのほかに協和会手帳を持っていない人たちが、九〇人ほど来た。日通室蘭支店長が、当時の日本人としては変わった人で、「本人には渡せないが、日通が責任を持って預かるなら出そう」と手帳を出したので、それを聞いた人たちが追及を逃れて集まってきた。日通には全部で二五〇人ぐらいの朝鮮人がいたが、「年齢は、一六歳から四〇歳ぐらいで、料亭を買い取って寮にし、日鉄よりは待遇がよかったんです。それでも逃亡者が出たし、病死した人もいました」（白善鍾）という。

室蘭ではこのほかに、千島に軍事基地を建設するために朝鮮人狩りがあった。北海道よりさらに北の千島には行く人がいないので、夜中に寝ているのを五、六人で汽車に乗せた。車両の出入口に監視が何人もいるので逃げられなかった。留萌《るもい》まで汽車で行き、船に乗せられて樺太（現サハリン）に行き、それから千島に運ばれた。どれだけの人数が運ばれたのか、敗戦後にどうなったかは知られていないものの、数百人は行ったと伝えられている。

室蘭は敗戦の年の一九四五年七月一五日に、連合軍軍艦ミズーリ号から艦砲射撃を受けた。日鉄輪西製鉄所の朝鮮人寮のそばにも落ちたので、五人の朝鮮人が爆死した。敗戦後に帰国者と共に、その時の遺体五体が釜山へ帰るはずだったが、一体は犠牲者の従弟に託され、四体は室蘭へ持ち返された。その後、一体は遺族が判明して返還されたが、残りの三体は光昭寺にいまも安置されている。敗戦から六五年が過ぎているのに。

倶知安《くっちゃん》鉱山　北海道虻田郡京極町

反抗すると「特別訓練所」で虐待

倶知安鉱山の跡

村営墓地の「朝鮮人物故者一同之墓」

アジア・太平洋戦争を支えた日本国内の有力な鉱山の労働者が、日本人よりも朝鮮人連行者の方が多かった所がある。褐鉄鉱の山として知られていた、北海道の倶知安《くっちゃん》鉱山（虻田郡京極町《きょうごくちょう》）もその一つで、日本が敗戦になった一九四五年八月一五日現在で、「日本人＝六六九人、朝鮮人＝一〇〇四人、中国人＝五六五人の、計二二三八人」と『京極村史』に載っている。全労働者の半数近くが朝鮮人だったのだが、それだけに犠牲者も多かった。

倶知安鉱山は地元京極農場の小作人が、一八九八年に発見したと伝わっている。その後、経営者は転々と代わり、一九三九年に日鉄興業㈱となった。日鉄では北海道の総元締めとして北海道鉱業所を設置し、倶知安鉱山をその支配下に置いた。満州事変が始まると褐鉄鉱の重要が高まり、アジア・太平洋戦争に突入すると軍需省から出鉱量の増産を求められたが、労働力の不足でその要望を満たせなかった。日本国内では労働者を集められないので、倶知安鉱山では「社員を遠く朝鮮半島に派遣し、労務者の募集」（『京極村史』）をした。

しかし、倶知安鉱山には、何年に朝鮮人連行者が来たかはわかっていない。兄の身代わりで徴用になり、仲間一二〇人と倶知安鉱山に連行された全補純は、「一九四一年の暮れだったと思う。日本に来てまもなく、正月を迎えた」（『北海道と朝鮮人労働者』）と語っている。

倶知安鉱山では「露天掘りをしていました。私の仕事は、初めのうちは発破の穴あけをしていましたが、その後、トロッコの運転に回された」というが、この頃から朝鮮人が急増したようだ。『京極村史』によると、倶知安鉱山に連行された朝鮮人の飯場は、社宅区域内の一三カ所にあり、一つが特別訓練所であった。ここには逃亡して捕らえられた人や、不穏な行動をした人たちが集められ、訓練という名の下に虐待を受けていた。一つの鉱山でこうした施設を持っているのは極めて珍しいことだった。

　朝鮮人が収容された飯場は、朝鮮人が増加するのに合わせて増築したため、構造が一定ではなかった。入口が一カ所で全館が一室になっているのと、中央の土間を挟んで両側に板戸つきの部屋が並んでいるのとがあった。しかも、にわか造りのため板と板の継ぎ目が粗く、風が強い時は雨や雪が入ってきた。冬などは広い部屋に一つのストーブなので、吹雪いた朝は部屋の中が雪で真っ白になり、朝鮮人たちは寒さに震えたという。

　朝鮮人たちの労働時間は八時間で、一番方、二番方、三番方による三交代制で、休日はなかった。しかも、露天掘り鉱山の難点の一つに、冬期の豪雪があった。大雪が切羽や輸送経路に積もると作業ができないため、時間に関係なく、夜通し除雪の仕事をさせられた。

　栄養失調で体が弱っているところに重労働が重なるため、多くの人たちが病人になった。病気になっても休日がなかったし、鉱山の診療所があるのに、寮長の許可がないと行けなかった。

　食事もまたひどかった。「芋、豆、かぼちゃが半分程度混ざった粗末なものが親子丼に軽く一杯。味噌汁、たくあんにおかずは、ほっけの腐ったようなもの、オットセイの肉がたまに付きました。オットセイの肉は臭くて食えたものではないが、腹が減っているので食べました。『腹が痛い』と言っても、満足な薬がなく、澱粉の粉を飲まされるだけです」（全補純）という状態だった。夏は裏山で蕗をとり、雑巾バケツを鍋代わりにして茹でて食べたりしたが、「仕事もつらいのですが、食べられないほどつらいものはなかったです」という。

倶知安鉱山は露天掘りなので炭鉱のような爆発や落盤はないが、切羽の崩壊や発破などの事故が起きた。その中でも一九四三年に発生した切羽崩壊事故では、日本人二人と朝鮮人石山玉石が死亡した。敗戦後の一九五五年に在日朝鮮人団体の要求で、発掘作業をした時に日本人は発掘されたが、石山玉石の遺体は見つからなかったと『京極町史』に書かれている。

そのほかに、「石山氏のほか鉱山殉職者として、鉱山神社に合祀されている人の中には、朝鮮人らしい氏名も二、三ある」「犠牲者氏名を見ると、朝鮮人労務者の氏名が昭和一九年に一名、昭和二〇年に一名見える」とあり、これを合わせると五、六人になる。病死などもあったと考えられるが、何の記録も残されていない。

ただ、一九六〇年に町内の各寺院に預かっている遺骨を集め、「川西の村営墓地に共同の慰霊碑を建設し、丁重に葬った」（同）とあるが、碑には犠牲者数や名前などは刻まれていない。

戦時中、鉱山主婦の会会長だった永田よしは、「終戦数年後、近所の人と山菜を採りに元朝鮮人寮から少し離れた谷地、この辺に事故死した人の遺骨が埋められてあると聞きびっくりしました。気のせいか土が幾分盛り上がった雑草の中に、朽ちた棒杭が倒れておりました。肉親の待ちわびる故国へ帰ることもかなわず、誰一人詣でることのない異境の山中に淋しく眠る故人に、咲きかけの野の花を摘み集めて供えた」と語っている。

戦時中に倶知安鉱山で発掘作業をした約半数が朝鮮人連行者だったが、その後始末はあまりにも粗末なものだった。

大湊《おおみなと》海軍警備府 青森県むつ市

帰国時「浮島丸」に乗船、犠牲者多数

「浮島丸」が出航した大湊港。むつ市には「浮島丸」を伝えるものはない

本州の最北端、青森県下北半島はマサカリの形に似ているので、マサカリ半島とも呼ばれている。また、下北半島には毎年のように冷たい霧まじりのヤマセ（偏東風）が襲い、農作物が被害を受けるので、青森県内では最も冷害が多発するところでもある。

アジア・太平洋戦争の時には、下北半島には北方警備を行う大湊海軍警備府が大湊町（現むつ市）に置かれていた。大湊海軍警備府は、開戦時には約六五〇〇人（軍属を含む）の兵員を擁していた。開戦当初は破竹の進撃を進めてきた日本海軍も、一九四二年六月のミッドウェー海戦の惨敗から形勢が悪くなった。大湊海軍警備府の担当区域である北方領域も、一九四三年五月にアッツ島守備軍の玉砕を受けて、北方の国防ラインが千島列島に後退した。レイテ決戦の失敗、フィリピンの喪失と戦況はいっそう悪化し、大本営は一九四五年一月に米軍の上陸を想定した本土決戦体制を発令した。

その後大湊海軍警備府では兵員が五～六万人に増えていたが、「警備府の計画は、この五、六万の将兵が補給なしに三カ月間、敵の攻撃を防ぐことを目標としてたてられていた。五万余の大軍が三カ月の攻防戦を戦える食糧、武器、弾薬となると莫大な物質である。大本営は、本土戦決戦用の物質として、それらを輸送船で大湊に送り込んできた」（「浮島丸釜山港へ向かわず」）。だが、米軍の攻撃が激しくなって、平地の倉庫にこの物資を収納するのは難しくなり、貯蔵所として隧道が必要になったが、労働力が不足してつくれなかった。直営で工事を担当した土建会社は、労務係を朝鮮に派遣して朝鮮人を連行したが、その人数は今もって判っていない。四〇〇〇～五〇〇〇人ぐらいと関係者はいうが、一万人近いとする証言もある。日本に連行された朝鮮人たちは、物資隠匿の隧道、樺山飛行場の新設、大間鉄道の工事などに使われた。

大湊海軍警備府の工事で働いた朝鮮人の実態ははっきりしていないが、いくつかの証言で確かめたい。「住居は掘っ立て小屋で、明かり窓もなく、昼でも真っ暗でした。大きさは二間半ぐらいの長さだった。平土間には、草や藁を敷いていて、敷き布団はなく、その上に寝ていた。寒いときは、体をエビのようにしていた。食べ物は、麦は良い方で、豆や芋で、米は底の方にほんの少し入っていた」（「アイゴーの海」）。

「海軍の飛行場を作っていた樺山まで歩いていくのでしょうが、一列縦隊で田名部高校の方へ向かっていたが、冬なのに長靴も履かず、地下たびで夏服のような薄いものを着て、外套などは着ていなかった。体は細く、フラフラとして歩いていた」（高橋力男）

大湊海軍の一万トン乾ドックの工事をしたのは朝鮮人で、「今と違って土木機械がない時代だったから、スコップ、ツルハシで土を掘り、トロッコで土を運んだが、傾斜地ではトロッコを押し上げねばならず、ずいぶん難儀な作業でした。朝鮮人は近くの宇曽利川の飯場から徒歩で通ってきてましたが、雨が降ってもカッパなどもちろん着るわけでなく、その格好は惨めなものでした。なんでもこの工事中に二〇人くらいの朝鮮人が死亡し、ドックの後背地に慰霊のために石を置いて目印にしていました」（畑中源一郎）。

「朝鮮人を監督する人がすごい奴で、長い棒の先に釘を刺して、列を乱す者をその棒で突っついていました。着ているものは粗末なので、履物は擦り切れた地下たびはいい方で、ほとんどの者が素足にセメントの袋を履いて、縄でそれをぐるぐる巻きにしていました」（佐藤三郎）

こうした証言でもわかるように、大湊海軍警備府に連行された朝鮮人たちは、過酷な生活と労働に明け暮れていた。しかし、一九四五年八月一五日に日本が敗戦になった三日後の八月一八日に「大警司令部では軍民の雇用に関係なく、下北半島に動員されている朝鮮人を帰国させる方針を決定した」（「大湊警備府の終焉」）が、この早い時期になぜ下北半島の朝鮮人を帰還させようとしたのか。謎はいまだに解明されていない。帰国便の情報は瞬く間に伝わり、遠く三沢や青森方面からも大湊・菊池桟橋に駆けつけた。

海軍特設運送船「浮島丸」（四七三〇トン）は、二一日から乗船を開始し、二二日夜一〇時すぎに大湊港を釜山に向けて出航した。「浮島丸事件の記録」では、この船に乗船したのは、朝鮮人三七三五人、日本人乗組員二二五人とあるが、六〇〇〇人以上は乗ったという乗船証言者もいる。

釜山へ向かっていた「浮島丸」は、途中で進路を変え、京都府の舞鶴に入港した。米軍が日本政府に「一一月二四日午後六時以降は、一切移動を禁止する」と要求したため、艦長は情報確認のため寄港したという。「浮島丸」は微速で航行中、下佐波賀沖で大爆音をあげ、艦は真っ二つに折れて沈んだ。艦と運命をともにした犠牲者は、朝鮮人五二四人、日本人乗組員二五人と発表されたが、「乗船名簿から生存者を差し引いたもの」（「浮島丸事件」）といわれ、死者はまだ多いという。この事故は、「触雷説」と「自爆説」が出ているが、その真相はわかっていない。また、一九九二年に遺族たちが日本政府に謝罪と損害賠償、遺骨返還を求めて提訴した。

二〇〇一年に京都地裁は「安全配慮義務違反」は認めたが、「公式謝罪の請求」などは却下した。「浮島丸事件」の戦後は、まだ終わっていない。

釜石鉱山《かまいし》 岩手県釜石市

落盤事故、さらに連合軍艦砲射撃の犠牲に

日鉄鉱業釜石鉱業所の鉱山跡
(釜石市甲子町)

石応禅寺の境内にある
「無縁多宝塔」

秋田県北の山村に生まれた筆者は、小学校が国民学校に改称された一九四一年に学校へ入学し、戦時教育を受けて成長した。日本が敗戦になる直前の四五年七月一四日、突然東の方からものすごい爆音が続けざまに聞こえてくると、庭の柿や桐の木が大きく揺れた。家に入るとガラス窓が震え、柱がぎしぎしと音を立てた。太平洋側の釜石市が、連合国艦隊に艦砲射撃を受けたのを数日後に知ったが、直接戦場の体験がない筆者には、戦争の原点の一つである。時々釜石市に原点を訪ねて行っているが、今年（二〇〇七年）も八月上旬に行き、朝鮮人連行者の足跡を歩いた。

ＪＲ釜石線釜石駅から約一五キロほど山間部に入った釜石市甲子町に、日鉄鉱業釜石鉱業所（釜石鉱山）があった。

日本で最初に洋式高炉により製鉄に成功した鉱山だが、現在は閉山となり、廃鉱から湧く水をボトルに詰めて発売している。戦時中は国内の数少ない鉄鉱石産出鉱山として、増産に次ぐ増産をおこなった。

しかし、採鉱などに必要な機械などの資材が四四年に入るといっそう不足し、人海戦術による生産に頼った。農村部からの挺身隊をはじめ、朝鮮人、中国人連行者や、連合軍捕虜なども入れた。「当時の釜石鉱業所では、朝鮮人労務者約千人、中国人捕虜約二六五人（帰国までに一二三人死亡）、連合軍捕虜約一八〇人（後で釜鉄に収容されていた約百人と合流二八〇人となる）を収容、憲兵隊大橋分遣隊が配属され、警察力を強化して就労させていた」（「釜石鉱山労働運動史」）という。

朝鮮人たちは、選鉱場前にあった一一棟の長屋に収容され、昼夜交代で一二時間の危険な現場作業に回された。

「人手不足の中、北海道から応援の労務者の中に朝鮮人がいた。言葉が通じず仕事の能率が上がらなかったが、重い鉄鉱石の選鉱に使われていた。落盤で亡くなった人もかなりいた。彼らの住んでいた場所は、教室五つぐらいの長い寮舎だった。食事や寝起きは日本人とは別で、貧しい身なりでかわいそうに思っていた」と、釜石鉱業所に勤めていた人の話が「追悼之碑埋納名簿」に収録されている。

釜石鉱業所では、戦時中の無計画な増産で、山の形が変わるような落盤事故が何度も起きている。その中でも大きかったのが、四四年の事故で、朴慶植が釜石鉱業所の菩提寺的な正福寺の住職から聞いた話として、「増産計画で八、六、四坑の竪坑をダイナマイトで爆破したため、三〇余人の労働者が死亡、三六車両が飛ばされたという。しかし、過去帳には、一六人しか名前がなく、同胞死亡者は五人が書かれてあった。遺体を掘り出せない犠牲者がだいぶいるように思われた」（『朝鮮人強制連行の記録』）と書いている。鉱石が足りないためにハッパをかけて採掘したのだが、「そのため落盤があると一度に何人も生き埋めになったことも。『血を流した死体をロープで引っ張り出した』。当時、坑内で作業した在日朝鮮人は振り返る」（岩手日報、一九九五年九月二〇日）。

釜石鉱業所には、戦時中に約一〇〇〇人の朝鮮人連行者がいたというが、犠牲者数は不明である。「正福寺が保管する十数人の過去帳と、これとは別に三一人の死亡を記録した資料」（同）と、引き取り手のない当時の遺骨体が位牌堂に残されている。

釜石鉱業所の跡地を歩いた翌日、釜石駅前にある日本製鉄（現新日本製鐵）釜石製鉄所を歩いた。アジア・太平洋戦争中の釜石製鉄所は、東北地方有数の軍需工場で、約一万人が働いていた。

釜石製鉄所には約八〇〇人の朝鮮人連行者が働いていたといわれ、当時の松原町には協和寮、中妻町には長屋があり、多くの朝鮮人が住んでいたのを記憶している人がいた。また、戦争末期には、スパイの通報を防ぐために「扶桑第六〇一工場」と呼ばれたが、「半島人と呼ばれる朝鮮人がたくさん働いていた。力持ちなのにびっくりした」という証言も残されているので、人数はもっと多かったのではないかと考えられるが、実態はほとんどわかっていない。

この釜石製鉄所を擁する釜石市が連合国艦隊の攻撃目標となり、四五年七月一四日に本土初の艦砲射撃を受け、八月九日には他都市に例のない二度目の艦砲射撃を受けた。二日間で、五三四六発の砲弾が撃ち込まれ、製鉄所と市内は焼け野原と化した。

最近の民間の調査では、死者が九九一人。このうち朝鮮人の艦砲戦災犠牲者は三五人まで確認されている。この中に二歳と四歳の子どもが含まれているが、家族名はわかっていない。また、日本名の朝鮮人は、日本人の死者の中に紛れ込んでいる可能性もあり、「行政が調査すべきだ」と関係者は語っていた。この遺骨は、市内の石応禅寺の無縁多宝塔に納められている。

なお、犠牲者のうち、三二人の名簿が一九七〇年代に明らかになり、一一人の遺族が遺骨と未払い金の返還を求め、日本政府と新日鉄に対して、東京地裁に訴訟を起こした。

新日鉄とは和解が成立した。しかし、国相手の裁判は、二〇〇七年一月に最高裁で棄却、敗訴となった。

また、連合軍捕虜収容所の三二人の艦砲戦災などの犠牲に対して、横浜裁判では当時の分所長らが有罪となった。しかし、朝鮮人や中国人連行のことでは一人も罪に問われていない。

旧中島飛行機地下工場 岩手県北上市

三カ所のトンネル突貫工事に二七〇人が従事

旧中島飛行機地下工場の跡

旧黒沢尻中学校に疎開工場の総務と設計がおかれた（現黒沢尻北高等学校）

JR奥羽本線横手駅と、東北本線北上駅の間を北上線が走っている。岩手県側の横川目駅から徒歩で三〇分ほどの愛宕山の山裾に、高さ約二メートル、幅約二・五メートルのトンネルが四本、二〇〇五年に見つかった。太平洋戦争当時、軍用機のトップメーカーの一つだった、旧中島飛行機の幻に終わった特殊攻撃機生産用の地下工場の跡だった。しかもこの地下工場は、間組が請負い、朝鮮人連行者が働いていたことがわかった。

敗戦後六〇年にして、初めて明らかになった強制連行の現場だ。

旧中島飛行機（現在の富士重工業）は、アジア・太平洋戦争末期に国営に移管され、第一軍需工廠になり、巨大な軍需工場となった。東京の現小金井市に中島飛行機の三鷹研究所があり、機体の研究開発に当たっていた。米本土爆撃を目的にした巨大爆撃機「富嶽」のエンジンも設計された。

戦争末期になると、米軍による空襲が激しくなり、工場は各地に疎開をはじめた。三鷹研究所も一九四五年三月頃に分散を開始し、「黒沢尻町（現岩手県北上市）を中心に疎開工場が作られた。黒沢尻で総務・設計を、花巻、水沢、岩谷堂、江釣子、藤根、横川目などで部品の製作や組み立てを行った。学校の床板をはずして工作機械を置いた分工場では、招集前の若者や学徒動員の学生たちが働いていた」（「岩手の戦争遺跡をあるく」）という。

旧黒沢尻町に疎開がはじまると同時に、愛宕山の山裾に地下工場を作る工事も開始された。

このころになると、東北地方の各地も米軍の空襲が激しくなっていた。残っている資料によると、三カ所にトンネルを掘って奥に大きな工場を作り、陸軍が特攻専用に使う予定の軍用機「剣」（キ一一五）の部品を製造し、残りの二カ所には、熱処理工場を建設する計画になっている。

三カ所で着工したトンネルは、間組が下請けし、横川目駅前に事務所を置いた。トンネルを掘る作業に連れてきたのが、約二七〇人の朝鮮人だった。どこから来たのかわからないが、横川目駅に下車した朝鮮人たちを見た人がいる。

「横川目国民学校芦谷分教場への登校途中、学校脇の木炭検査場の前で、私はすくんでしまった。それは炭で汚れた異様な身なりで、意味不明の言葉を交わす、頑丈そうな男たちがいたからである。大勢でひしめくこの人たちは何だろう。二年生の私には、地面から湧いてきたと考えるのがせいぜいだった。あの人たちは何をする人か、何を食べ、話している言葉は何語か。知りたがりの幼い私たちに、大人たちは口をつぐみ、何も教えてくれない」(遊佐ヒデ子)

横川目村(現北上市)に連れてこられた朝鮮人たちは、トンネルを掘る愛宕山の山裾周辺の農家の作業小屋に収容された。一つの小屋に一〇人前後が入ったが、一組の夫婦がいて食事作りなどをしていた。食料も十分に配給が来なかったようで、間組の人たちが地元の農家を回り、野菜などを徴発しては、朝鮮人に配っていたという。

地下工場の建設は、突貫工事なので朝鮮人は二交代の一二時間労働で働かされていた。監督は日本人で、一本のトンネルに数人が出入りしていた。手に長い棒を持っていたが、中には日本刀を腰に下げている人もいた。

「私の家からトンネルを掘っている現場までは、二〇〇メートルくらいより離れていないので、よく見に行った。家には監督が一人泊まっていたので、邪魔だと追い立てたりはしなかった。朝鮮人はタガネで岩に穴を掘っていた。ときどき穴に水を入れては深く掘り下げていた。顔も体も泥だらけになっていた。交代でトンネルを出る時にダイナマイトを仕掛けてくるようで、外に出た後で爆発していた。トンネルの入口の所に鍛冶屋がいて、朝鮮人が持ってきたタガネなどを修理していた。爆発の後に次の交代の人たちがトロッコを押して入ると、岩とか砂を積んで出てきた。その岩などは、トンネルの入口に降ろしていたが、そこは小山になって今も残っている。入口の所に間組が持ってきた鑿岩機が何台もあったが、コンプレッサーがないので使っていなかったようだ。一つのトンネルには、相当の人たちが働いているようだったが、数えてみたことがないのでわからない」(高橋哲夫)と語っていた。

昔は田畑にならない土地には杉を植えており、かなり大きく伸びていたが、その木は伐らせなかった。トンネルが見えないようにするためではないかと言っていた。

三カ所のトンネル工事の現場から、朝鮮人が何回も逃走した。だが、横川目駅ですぐに捕まり、小屋に連れ戻されてきた。逃げた朝鮮人を、日本刀を振り回して追いかける監督を見た人もいる。しかし、怪我や死亡した朝鮮人を、現場近くの人は見ていない。

日本の敗戦後も朝鮮人は残っていた。間組で山の木を伐らせ、製材所で製材させていた。農家の作業を手伝い、米を貰ったりもしていた。

「あの人たちが突然姿を消したのは、九月末頃」(遊佐ヒデ子)という。間組では下駄を履かせて帰そうとしたが、地下タビでないと帰らないと交渉しているのを見た人がいる。

全体像はまだ不明だが、埋もれている朝鮮人連行者が働いていた現場は、ほかにもあるのではないだろうか。

尾去沢鉱山《おざりざわ》 秋田県鹿角市

虐待で多くが死亡、墓も遺骨もない

今も残る尾去所鉱山の巨大な煙突

朝鮮人・中国人も働いた選鉱場跡

秋田県の県北は、鉱山地帯と呼ばれるほどたくさんの鉱山があった。その中で最も古いのが尾去沢鉱山（鹿角市）で、口碑では七〇八年に発見されたという。その後所有者が次々と代わり、一八八九年に三菱鉱業の手に渡った。盛況期には日本の四大銅山の一つといわれたが、多くの事故が起きている。なかでも一九三六年に発生した鉱滓ダムの堤防決壊は悲惨なもので、死者三六人、重軽傷一〇七人、行方不明四四人を出した。

復旧工事中に再び決壊して、死者九人を出したが、「鉱山側技術陣の過信と甘さによる事故」（「秋田県警察史」下）といわれた。

この事故の復旧工事中に準戦時体制に入り、軍需省から大幅な増産を求められた。一九四三年から尾去沢鉱山の事務所に勤めた吉田悦郎は、「尾去沢鉱山は戦争景気もあって大変に栄え、鉱山で働く人が一万人を突破したこともあった。たくさんの勤労奉仕隊も来たもので、一〇〇人とか二〇〇人の単位で出入りするので、上司から『コメだけは不足しないようにしろ』と言われ、幽霊人口をたくさんつくり、コメの在庫を確保した」と言っている。

だが、多くの勤労奉仕隊を入れても労働力が不足した尾去沢鉱山に、いつごろから朝鮮人連行者が来たのだろうか。尾去沢鉱山の建築を専門に請け負っていた伊藤組（大館市）の越前喜代治尾去沢現場主任は、「尾去沢鉱山に朝鮮人が来たのは一九四三年のことで、この時には二〇〇人だった。朝鮮人を入れるため、大きな二階建ての学校のような長屋を突貫工事で建てた。二階に朝鮮人が住み、一階は作業場と食堂だった」という。

朝鮮人を連れにいったのは、鉱山で相撲の稽古をつけていた成田宗蔵で、警察を退職して鉱山に入った二人と一緒だった。行った年月も、どの港に着いたかも思い出せないが、「仁川に行くと、朝鮮人が入れられている建物があった。日本の兵隊とか警察が朝鮮人の家に行き、夜中に起こして連れてきた人たちだと言っていた。大きな建物がいくつもあり、そのなかにいっぱい入っていた。朝鮮人を釜山港の沖にある島へ連れて行き、身体検査をして元気な人ばかり連れてきた」と証言している。

尾去沢鉱山に連行された朝鮮人の数ははっきりしていない。鉱山の労務係だった児玉政治は「朝鮮人は三八〇〇～四〇〇〇人はいた」と言っている。連行されてきた金海龍は「終戦の時に朝鮮人は二五〇〇人ということだった」という。日本の旧厚生省の「朝鮮人労務者に関する調査」(秋田)には、官斡旋・徴用で六八七人の名前が記載されている。このほか北鹿土建尾去沢事務所に三四人が来ている。多数の朝鮮人が来ていたことがわかる。

朝鮮人が収容されたのは、新山寮、至誠寮、新堀寮など五つで、一部屋に六人が入り、一人分が畳一枚だった。掛布団には海草が入っていたが、一カ所に固まるので役に立たなかった。敷布団は、南京袋に草を入れていた。これでも春から秋までは良いが、冬は寒くて大変だった。寮長は、仕事から帰って飯を食べると「寝ろ、寝ろ」と叫んでいたが、寒さと空腹で眠れなかったという。

仕事は坑内と坑外に分かれたが、三交替だった。坑内には見張所があり、日本人の監督が五～六人いて、一日に二～三回見回っていた。「わたしが掘ったところは、むかし掘ったところの堀直しで、ハッパをかけると柱や梁が腐っているのでばたんと落ち、いつかは死ぬなと思った。怖いので坑外の仕事をしたいと申し出たが拒絶された」(金海龍)という。

危険な作業と同じく朝鮮人を苦しめたのが、粗悪な食料と量の少なさだった。

ご飯は出たが、量はどんぶりに六分目くらい。おかずはサメの頭を切って皮がついたまま煮たのがよく出た。鼻にツンときて食えるものでなかった。作業衣はボロボロになったのを着ていた。夜昼も夜も同じものを着ているので垢でつるつるに光り、シラミや南京虫が湧くようについた。夜は血を吸われるのでかゆくて眠れなかった。しかし、空腹で地理がわからないため遠くへ行けず、一～二日後に地元の消防団の人が逃げた。仕事が厳しいうえに食糧が少ないので、寮から多くの人が逃げた。しかし、空腹で地理がわからないため遠くへ行けず、一～二日後に地元の消防団や青年団に捕まり、殴られたうえに寮へ連れ戻された。寮では見せしめに皆の前で土間に座らされて棒を足に突っ込み、金槌で膝を叩かれ、悲鳴をあげて気絶した。

尾去沢鉱山で死んだ朝鮮人も多い。旧厚生省が調査した名簿には、死亡者九人とある。公傷一人、病気一人のほかは死因を書いていない。朝鮮人の証言では、この他に落盤で少年が二人と鉱石を積んだ車の下敷きになって一人が死んでいる。まだ毒ぜりを食べた二人が狂ったように苦しんで死んだ。遺骨は円通寺に預けたというが、秋田県朝鮮人強制連行真相調査団の調査に対して住職は、「墓も遺骨もない」と答えている。

朝鮮人は、日本の敗戦後も働かされた。鉱山内にある東京捕虜収容所第六分所へ八月二八日に米軍のB29爆撃機が救援物資を投下したのを見て日本の敗戦を知ったが、その時には鉱山の現場監督は逃げて、誰もいなかったというからひどい話だ。

小坂鉱山《こさか》 秋田県鹿角郡小坂町

逃亡者捕らえられると袋叩きに

小坂鉱山内の道路。左側に朝鮮人を収容した飯場があった

多数の朝鮮人が埋められている寺の沢の竹薮。何本か古い卒塔婆が立っている

青森との県境近くにある小坂鉱山（秋田県鹿角郡小坂町）は、一八六一年に地元の人が発見した。南部藩が開発したが、のちに官有となったものの実績が上がらず、藤田組に払い下げられた。その後に黒鉱を生産したほか、露天掘りも開始して採掘鉱石が飛躍的に増加、「銅においては日本一、銀においては椿鉱山と首位」（「秋田県鉱山誌」）を争った。太平洋戦争初期の産銅奨励時代には、軍需工場として重要視されたが、機械や生産資材が不足し、徴用工・勤奉隊・学徒隊などを使った。それでも労働力が不足し、強制連行した多くの朝鮮人や中国人を使った。

小坂鉱山に朝鮮人がいつ頃から来たかは、資料もなくはっきりしない。小坂鉱山で朝鮮人の飯場をやった金竜水《キム・ヨンス》は、毛馬内（現鹿角市）で古鉄商をしている伯父を頼って来たあと小坂鉱山で働いたが、その時は鉱山に朝鮮人はいなかったという。一年くらいしてから飯場をやったが、本国から来た従兄弟や近くの朝鮮人を使った。それから一年くらいして、官斡旋・徴用の朝鮮人が来たのは一九四三年。その二年前に金竜水は小坂鉱山に来ているが、この証言によると朝鮮人が来たのは遅かった。

一九四六年に厚生省が作成した「朝鮮人労務者に関する調査」（秋田県）には、一九四三年＝一七八人、一九四四年＝二〇五人、一九四五年＝九九人の計四八二人が来ている。

また、小坂鉱山の下請けをしていた多田《ただ》組には、一九四三年＝二四人、一九四四年＝一四人、一九四五年＝三四一人の計三八〇人が来ている。小坂鉱山と多田組とで、八六二人の朝鮮人連行者が働かされた。

小坂鉱山に来た朝鮮人は、「鉱山事務所の上方に忠誠寮という寮がありました。真ん中を通路が通っている寮が、たしか五棟ほど建ち並んでいました。いちばん下の寮が食堂でしたが、出口は一カ所だけで、いつも監視が見張っていました。わたしが来た頃で、寮だけでも三〇〇人を超える朝鮮人がいました。全部の寮が、高いフェンスに囲まれていました」（申鉉杰《シン・ヒョングル》）と語っている。

小坂鉱山では、三交代の八時間労働だった。冬になると、少し厚いのを着たうえに作業着だけなので、寒さは骨身にこたえた。地下足袋は配られないので藁やぼろきれを拾い、破れたところに巻いた。「若さで保ったのです。いまだったら死んでしまいます」（同）というが、さらに食事が悪かった。

食堂で食べる朝と晩は、茶碗に半分の飯に、おかずは塩をふりかけたイナゴが一回に七～八匹と、人参とか大根の葉が少し浮かんでいる塩汁が一杯だった。朝飯が終わると、昼のワッパ弁当を渡されたが、大半の人がその場で食べた。昼は水を飲んで我慢したが、空腹で頭がぼーっとしたという。作業は坑内の仕事が多く、仕事が厳しいうえに、食糧がこんな状態なので、朝鮮人たちはもやしのように痩せていった。

仕事がきついうえに衣服も悪く、食糧が少なくて空腹にあえぐ毎日だったので、多くの人が逃亡した。小坂鉱山の労務係をした川田徳芳は、「朝鮮に四回行き、慶尚北道から八〇〇人連れてきたが、逃げられ、終戦時には四五〇人ぐらいになっていた」という。厚生省の調査では、小坂鉱山には四八二人が連行されたが、逃亡＝一四七人、送還＝二七人、一時帰国＝八人、死亡＝一人、終戦時に帰国＝三〇七人となっている。約三分の一近い朝鮮人が逃亡している。金竜水は

「食べる草を取りに山へ出かけたまま、逃亡した人もかなりいた」と証言している。自身も逃亡した申鉉杰は、「逃亡者が相次ぐものですから、監督は捕らえてくると別室で袋叩きにして部屋に閉じ込めたが、生死がわからなくなった人もいた」と言っているが、それ以上の詳しいことはわからない。

小坂鉱山と多田組には、八六二人の朝鮮人が連行されたのに、死亡がはっきりしているのは、厚生省名簿の一人である。徴用で連行された金元達禄の出身は慶尚北道。小坂鉱山では金属製鉄工をしており、一九四五年七月七日に死亡しているが、原因も遺骨の処理も書いていない。だが、「仲間が落盤で死んだとか、たくさんの仲間が栄養失調で倒れたとか、死んでいるという噂も聞きました。自分のことを思うと、間違いないだろうと思いました」（申鉉杰）という証言もある。

また金竜水は、「朝鮮人は小坂鉱山で三一人が死んだと覚えているが、これも名簿があるわけでないからはっきりしない。私が鉱山をやめてから、坑内で亡くなった人もいたようだが、詳しいことはわからない。寺の沢の火葬場で焼いていた」「敗戦後に一緒に来た人が、帰るときに遺骨を持っていった。ただ、知人のいない人の遺骨は、何人かわからないが、いまでも残っている。私が組織の仕事をやっていた時は墓参りをしたが、運動から身を引いた後はやっていない」と言っていた。

筆者は金竜水が元気な時に、二度墓地に案内してもらった。寺の沢の奥に行き、「あそこに墓がある」と指差してくれたが、斜面には根曲がり竹が密生し、近づくことができなかった。笹の中に卒塔婆らしい古びた数本の杭が見えたが、その下にいまも眠っているのだ。

花岡鉱山《はなおか》 秋田県大館市

生き埋めの朝鮮人救わず見殺し

現場近くの寺の境内に移された「七ツ館弔魂碑」

花岡鉱山に「七ツ館弔魂碑」の慰霊祭に集まった朝鮮人、日本人関係者

一九四四年五月二九日の昼近くだった。秋田県北にある花岡鉱山（現在は大館市）の七ツ館坑近くで、突如ドスンという音と同時に、地上が大きく揺れた。七ツ館坑落盤事故が起きたのだった。

七ツ館坑には鉱車竪坑だけで、人道竪坑がなかった。坑夫たちは、鉱山に人道竪坑を掘るように要求していたが無視され、堂屋敷坑と七ツ館坑をつなぐ連絡坑道を使っていた。その連絡坑道の真上を、花岡川が横切って流れていた。花岡川が陥没し、七ツ館坑内の日本人一一人と、朝鮮人一二人が生き埋めとなった。三昼夜にわたる救出作業で、一人の朝鮮人が助け出された。坑道の奥に続くレールを、タガネかハンマーで叩き、助けを求めているのを知りながら、鉱山では、ほかの坑道と鉱床への被害波及を恐れ、「遺体だけでも掘り出してくれ」と頼む家族や仲間の願いを無視し、夜中にトラックで大量の土砂を運んで埋めた。近くの寺の境内に、鉱山が建てた「七ツ館弔魂碑」があるものの、棄てられた人たちの遺体は、いまも底に埋もれたままだ。

花岡川はいくつもの坑道の上を流れており、再び陥落の危険があった。鉱山では花岡川を迂回させる計画をたて、この工事を鹿島組（現鹿島）花岡出張所が請け負った。鹿島組では九八六人の中国人強制連行者を、水路変更工事に使役したが、重労働や虐待に抗議し、四五年六月三〇日に、中国人はいっせいに蜂起した。七ツ館坑落盤事故が、「花岡事件」の引き金となった。

花岡鉱山は青森の県境にある中規模の山で、一八八五年に発見された。一九一五年に藤田組に経営が移り、翌年から新鉱床がぞくぞくと発見され、大鉱山になった。良質の銅、鉛、亜鉛などを産出するので、日中戦争がはじまると、軍需産業として注目された。アジア・太平洋戦争に突入すると、軍需工場に指定され、軍需省から月産を倍近くに義務づけられた。そして、設備の不備や機械の不足などを補うため、多くの労働力を投入した。

花岡鉱山には、日中戦争が始まった頃から連行された朝鮮人が来ていたが、人数を裏付ける資料はない。ただ、アジア・太平洋戦争が始まってから朝鮮人が急増している。強制連行されてきたほかに、日本の金鉱が国策に合わないと閉山になり、そこで働いていた朝鮮人が軍需工場に回されたりした。北海道紋別市の鴻之舞鉱山からも、五二六人（うち家族一三八人）が来ている。

花岡鉱山が最大の労働力を擁した四四年に、鉱山で作業した「稼働工程表」では、一万三〇〇〇人のうち、朝鮮人が四五〇〇人（延べ）のほか、請負業者人夫が一五〇〇人となっているが、このうち八〇〇人は朝鮮人だったという。また、日本の旧厚生省が、一九四六年の調査では、藤田組一、九〇八人、同和鉱業七六〇人、鹿島組一二一人の、計二八五九人とある。秋田県内では、もっとも多くの朝鮮人連行者が働かせられた現場だ。

花岡鉱山に来た順に、第一橋寮、第二橋寮と入った。木造の平屋で、隙間から雨や雪が入ってくるので大変だったという。それでも「最初はストーブがあったが、第一寮でボヤがあり、それ以降、全部の寮のストーブを取り去った。冬は零下一〇℃以下になるのに、坑内の粘土でよごれた地下タビを乾かすこともできず、朝には凍っていた。それを履くのに苦労した。夜に使った布団はぶら下げると、海草のような中身が下に固まった。布団ではなく、布の袋だった。寒いので抱き合って寝た」（黄彦性）という。

作業は、二交替制の八時間労働だったが、食糧不足には難儀をした。「皮をむかないジャガイモ、大豆カス、フキを干して切ったものを飯に混ぜていたが、飯粒はいくらも入ってなかった。

飯はドンブリに八分目で、これに塩汁だけなのでいつも空腹だった。夜中に起きると、近くの畑に行き、ジャガイモを集めてくると、空き缶に詰めて煮て食べるので、夜空が明るくなった。それでも足りず、フキなどを生で食べたが、空腹のあまり、作業中に倒れる者もいた」（孫基洪）と語っている。

花岡鉱山はイモ鉱床といって、鉱脈はイモのように固まっており、それを粘土が包んでいた。乱堀すると落盤するので、よく事故が起きて怪我人や死者が出た。遺骨などはどうなったのか、朝鮮人は知らなかった。

「花岡鉱山で不思議だったことは、第二橘寮のことだ」と、いまも元気な李又鳳は言う。

花岡町東前田にあった第二橘寮だけは、働ける人ではなく、自分で歩くことができない重病人や、重傷のケガ人を入れて隔離していた。この寮に入る時は、鉱山病院から来た医者が診察し、「この人は、五寮」「これは病院」と分けたというが、治療をしても治らない人だけを入れていた。その寮には近づかせなかったが、一度だけ覗いたことがある。南京袋のような布を着て、七〇人くらいがほとんど寝ていた。医者も看護婦もおらず、死ぬのを待っている状態に見えた。この人たちが元気になって出たのを見た人がいないし、花岡の寺に遺骨もなければ墓もない。解放した後に行ってみると、寮は取り壊され、入っている人も消えていた。橘寮の病人たちは、いったいどうなったのだろうか。

発盛《はっせい》精錬所 秋田県山本郡八峰町

西の海に消えた「アイゴー、アイゴーの声」

松の木の下一帯を刈り払うと、埋葬した場所を示す墓石が約70基あらわれた

墓石があらわれた所に慰霊碑を立て、毎年慰霊式をやっている

「ここにもある。あっ、こっちにもある…」

数人の報道関係者が騒ぎ出したのは、二〇〇六年一二月八日の午後だった。場所は秋田県山本郡八峰町八森の高台に広がる原野。夏場には一帯を覆いつくしていたイタドリや雑草が枯れていた。日本海から粉雪の強い風が吹きつけてくるなかをかき分けていくと、枯れ草の中に人の頭ほどの石が点々と散らばっている。戦時中、近くの旧発盛精錬所に強制連行されて働いた朝鮮人の墓が約二〇基見つかった。報道関係者がカメラのシャッターを切る音が続いた。

日本海から海抜二〇〜八〇メートルの海岸段丘に発盛鉱山が見つかったのは、一八八八年のことだ。はじめから銀の産出が多く、のちに大規模な露天掘りをして飛躍的に生産が伸びた。一九〇八年には、「坑夫一三六五人に及び、産銀一ヵ月最大五万トンに達し、単一鉱山として銀の産額は、日本に冠絶した」（『秋田県鉱山誌』）という。だが、富鉱部を掘り尽くしたあとは、たびたび休山を繰り返したが、五能線が開通してから鉱石の運搬が便利になり、住友合資の協力を得て精錬設備を充実させ、他鉱山の鉱石を買収して精錬する発盛精錬所として再出発した。当時、鉱山が吐き出す煙害が各地で深刻な問題になっていたが、半分が海に面している発盛精錬所は被害が半減した。アジア・太平洋戦争中は、精錬所として経営が続けられた。

この発盛精錬所へ、アジア・太平洋戦争中に朝鮮人が強制連行されて働いたことは早くから知られていた。しかし、何人が連行され、どんな作業をしていたのか、食生活はどうだったか、などはまったくわからなかった。地元の人が書いた郷土史も、発盛鉱山（精錬所）のことは書いているが、朝鮮人強制連行の事にはまったく触れていない。

一九九六年に秋田県朝鮮人強制連行調査団が発足して、県内に連行された朝鮮人を本格的に調べるようになり、発盛精錬所跡にも何度か調査に行った。元役場職員は「敗戦後に公文書を焼くようにと指令が来たので、とくに鉱山関係は念入りに焼いた」という。また、朝鮮人と言うだけで口を閉ざす町民が多い中で、「独身もおれば、夫婦者もいた。朝鮮長屋と呼ばれる、粗末な飯場に住んでいた。休みの日も仕事に狩り出され、疲れて休んでいると、監督に棒でばーん、ばーんと叩かれていた。食事も満足ではなかったようで、草を食べながら歩いていた」と言って、飯場の跡に案内してくれる人もいた。

飯場は、海岸沿いの高台に建っていたという。海風がまともに吹き付けるところで、住宅地に造成したが住む人がなく、一面にススキが生えていた。夏でも強風の時は塩水が吹くが、冬は頬がヒリヒリ痛むほど寒い風が吹く中で、朝鮮人たちは生活したのだろう。晴れた日には、西南に男鹿半島が見えるが、「朝鮮人は男鹿の方に向かって『アリラン』を歌い、『アイゴー、アイゴー』と涙を流して叫んでいたのが忘れられない」と言う。

調査団が、何度も発盛精錬所跡へ行くうちに、朝鮮人と一緒に働いた人も証言してくれるようになった。「鉄道の貨車に積んできた鉱石を下ろしたり、トロッコに運んだりするのが主な仕事で、結構重労働でした。監督は何か気にくわないことを朝鮮人がすると、『制裁を加える』と叫んで、手に持った棍棒で殴っていた。怪我する人もいた。叩かなくてもいいと思ったが、言うとこっちが殴られるので黙っていた。この監督たちが敗戦後、仕返しを恐れて身を隠したが、どこに行ったのか半年くらいも姿を消していた」と言う。もう一人は、上司だった人で、「私が使ったのは一四～一五人だが、体の小さい人は、精錬に運ばれてきた大きい鉱石を、小さいハンマーでコツコツと細かく割っていた。この中から三人が逃走したが、次の日に見つかってうんと殴られて半殺しの目に遭っていた。別の組で二人が死んだが、遺骨がどうなったかは知らない」と言っていた。近くの共同墓地を探したが、朝鮮人らしい墓は見つからなかった。

こうした調査を細々とやっている時に、厚生省が一九四六年に作成した「朝鮮人労働者に関する調査」の秋田県分を入手した。それによると、一九四二年から四五年までに二〇一人が連行されて来たが、全員が官斡旋と徴用で、所轄は軍需省だった。出身地や生年月日を記入した名簿も付いていた。ただ、地元では夫婦者もいたと言っているので、二〇一人が正しい数字なのかはわからない。また、死者はいないが、逃走が四一人と多く、敗戦後に鉱山から離れたのは一一九人と、人数が合わない。

数年前に「朝鮮人の墓がある」と、地元の人がこっそり知らせてくれた。秘密裏に調べているうちに、間違いないことがわかり、日本がアジア・太平洋戦争を開戦した日に報道関係に公表した。二〇〇七年三月二五日に調査団は地元の望海クラブの十数人の協力を得て、墓地跡の刈り払いをした。改めて墓石と思われるのを数える七〇基をこえた。墓石に氏名は刻んでおらず、役場にも資料が残っていない。発盛精錬所は解散し、残った建物は請致工場で使っている。

調査団では墓標と案内板を建て、七月一日に慰霊式をやり、八月上旬にはお盆のお祈りをした。その後も毎年慰霊式とお盆のお祈りをしているが、犠牲たちのことは調べているがわからない。二年目に植えたムクゲが白い花を咲かせているが、早く故郷の家族たちに知らせたいと願っている。

吉乃鉱山《よしの》 秋田県横手市

発破で生き埋め、ダムに飛び込む人も

山の斜面に残る選鉱場跡

「無縁供養塔」の左側には上吉野集落の墓地、右側に朝鮮人墓地が広がる

墓石が並ぶ上吉野集落の共同墓地の隣は、草が茂る平地に見えた。しかし、歩くと高低があり、高く土盛りした上に平たい石が置かれている。朝鮮人の墓だった。

案内してくれた佐々木一郎の家は、共同墓地の墓守を代々やってきた。

「いまは私がやっているが、戦時中は祖父がやっていた。この墓地に吉乃鉱山で死んだ朝鮮人を埋めていた。私も子どもの時に何度か見ているが、朝鮮人の時は二人が棺桶を担ぎ、鉱山の職員がついてきた。粗末な棺桶は、中が丸見えで、裸同然の人が素足のまま入っていた。役場の埋葬許可書も持ってこなかったな。埋めると、川から拾ってきた石を上に乗せるだけで、彼岸とかお盆に何もしなかった。盛り土は七〇近くある」

七〇人近い朝鮮人の死者を出した吉乃鉱山（秋田県横手市増田町）は、一七二〇年頃に発見され、一九一五年に設立した大日本鉱業会社の傘下に入り、選鉱場、水力発電所及び鉄索を設けて本格的に開発され、その鉱石は県北の発盛精錬所に送られた。また、露天掘りも行い、鉱量は増加した。「吉野地区には、一二の組飯場が出現し、周辺農村からの労務者を含め、三〇〇〇人近くを集めたという。その中には、二〇〇名ほどの朝鮮人も含まれていた」（「吉乃鉱山」誌）とあり、大正時代に多くの朝鮮人が来ていた。この朝鮮人はどこから来たのか、どこに住んでどんな仕事をしたのかは資料もないし、知っている人もいない。

吉乃鉱山は三一年に住友資本の参加を得て、隣の増田鉱山を合併した。アジア・太平洋戦争が始まると軍需省から増産を要請され、精銅含銅を年間一六〇〇〇トン産出した。だが、労働力が不足し、周辺の農山村から勤労報国隊などを集めたがそれでも足りず、朝鮮人連行者を使った。この時に大正時代に来た朝鮮人は残っていたのかなどはわかっていない。

四六年に旧厚生省が調査した「朝鮮人労務者に関する調査」（秋田県）によると、吉乃鉱山に連行された朝鮮人は全員が徴用で、四二年＝七四人、四四年＝四八人、四五年＝四四人の計一六六人となっている。しかも「個人ノ調査ハ書類消却ニ附不可」と書き込まれ、他の事業所のように個人の名簿は添付されていない。

筆者は十数年も前から何度も吉乃鉱山へ調査に行き、朝鮮人と一緒に働いたという何人かに会っている。だが、朝鮮人のことを聞くと、「そのことを言うと、どっかへ連れて行かれるのではないか……」と、口を閉じる人が多い。その中で高橋健一は国民学校五年生の時の事を、「あの時に連れてこられたのか、それともどこかへ移動する時なのかわからないが、十数人の朝鮮人が腰縄で数珠つなぎにされ、自転車に乗った日本人の棒頭（現場監督）に追い立てられていた」と話してくれた。

吉乃鉱山に連行された朝鮮人は、明和寮という飯場に入った。仕事は坑内での採鉱のほか、選鉱や鉱滓ダム工事などで働いた。「ダム工事現場では、相当数の朝鮮人が働いていたが酷使されていた。とくに、土砂崩れで死亡した人も少なくない。発破による山を崩す作業で生き埋めになった人もいる。ダムの広さは一ヘクタールくらいあり、野球場ができるほどの広い場所だった。逃亡防止の柵がめぐらされ、〝責められて〟の仕事だった」と、四一～四五年まで朝鮮人と一緒に坑内で働いた高橋長一郎の話を、西成辰雄が記録している。

また、「五十嵐洋一郎さんは労働に耐えられなくて、ダムに飛び込んで死んだ朝鮮人が二人いたと、ちゃんと見ているそうです。労働の状態は、堤防の上へトロッコで土を運んで埋めていたそうです。しかも、真っ裸で働いていたそうですから、とても見られたものではなかったそうです。一台のトロッコを三人から四人で押していたそうです」（横山秀一）と、苛酷な仕事の様子が語られている。

このように辛い仕事に耐えられず、鉱山から逃亡する朝鮮人も多かった。高橋健一の家は吉乃鉱山から近かったので、飯場から逃げた朝鮮人が何度も駆け込んできた。「そのたびに父は、握り飯を持たせて、見張りのいない隣の湯沢駅に送って行った」という。

上吉野集落のほかにも犠牲者を処理した場所があったらしく、「カドミ汚染で吉乃鉱山へ取材に行ったことがあります。何か凄いところでしたね。たまたまテーラーを運転している人に話を聞いたんですが、その人が言うには、鉱滓ダムを造る時にそこを掘ったら、相当の人骨が出てきたっていうんです。それが、戦時中に強制連行して働かせた朝鮮人の死体じゃないかっていうんですがね」（「花岡事件ノート」）。その場所は埋め戻され、跡地に草が茂っている。

五七年に吉乃鉱山は休山となったが、六年後に地元の人が上吉野集落の朝鮮人墓地に「無縁供養塔」を建てた。九九年に秋田県朝鮮人強制連行真相調査団は地元の人たちと、旧吉乃鉱山朝鮮人労働者慰霊式を行った。その時に墓地の草を刈り払ったところ、土饅頭は七〇近く数えられた。

木友《きとも》炭鉱　山形県最上郡舟形町

待遇改善求めれば暴行し殺害

木友炭鉱の元購買所

木友炭鉱の山神社への入口

亜炭《あたん》は山形県にもっとも多量にある地下資源で、主な炭田は、最上、村山、置賜地区にある。その中でも、JR奥羽本線舟形駅から西南七〇〇メートルにあった木友炭鉱（最上郡舟形町）は、「亜炭山としては規模と出炭量が日本一と言われた時期があった」（『舟形町史』）ほど大きかった。

木友炭鉱は、明治初期に地元の人が見つけ、自家用焚炭として掘られていた。そのあと、数人が鉱業権を得て出炭をしたが、採算がとれずに休山していた。だが、第一次世界大戦で燃料不足となってきたので、大日本鉱業が亜炭田に注目し、木友炭鉱の鉱業権を買収した。木友炭鉱は、この時から大日本鉱業によって本格的に採炭が行われた。

だが、大日本鉱業が経営するようになると、六〇～七〇人の朝鮮人労働者が木友炭鉱に連れてこられ、二カ所の朝鮮人飯場に住んで働くようになった。この時に一緒に働いた朴漢成の貴重な証言が残っている。朴漢成は一五～一六歳だったが、募集の際に人数がそろわず、七〇人ほどの大人に混じって日本へ連れてこられた。木友炭鉱では、坑内で亜炭を掘る仕事が多く、「夜明けから日が暮れて暗くなるまで働かされました。夜寝る時は、互いに顔を合わせて話をすることができないような形で寝かされました。病気になっても薬はないし、病人でもモッコ網の修理をさせられました。死人が出るとモッコで運んだが、その先、どのように処理されたかわかりません」「服装は、前を隠すのが精一杯の状態でした。不満を言おうものなら、桜の棒で容赦なく叩かれました。逃亡者も出るし、死亡者も出る」（『朝鮮人強制連行論文集成』）など、朝鮮人は痛めつけられた。木友炭鉱では、大正時代に朝鮮人の強制連行、強制労働がすでに行われていたと言われている。

大日本鉱業が経営を始めた一九一七年に「日鮮坑夫乱闘事件」が起こっている。「山形県警察史」によると、木友炭坑では、日本人と朝鮮人の飯場が並んでいたが、北海道から募集した日本人坑夫数人が、朝鮮人の飯場へ酒気を帯びて行き口論となり、一人の朝鮮人を殴った。その後、双方五〇人ぐらいの乱闘となり、日朝各一人の死者と重軽傷者一一人が出た。新庄署と隣接警察署から警察官を動員して押さえた。日本人一一人と朝鮮人二五人が起訴され、朝鮮人二五人が懲役三年、日朝各一人が懲役六カ月、朝鮮人八人が四〇円の罰金刑になった。『舟形町史』も同じ書き方をしているが、事実は朝鮮人が待遇改善を求めたのに対して、炭鉱では暴力団を動員すると四斗樽の酒を飲ませ、改善を求める数人の朝鮮人を殺したのが事件の発端で、しかも罪もない多数の朝鮮人が「有罪」になったのは事実に反する。町史の執筆者は山形県内でも良心的と見られている人たちだが、十分に調べなかったのだろうか。

その後大日本鉱業は木友炭坑の経営規模を縮小したが、三〇年に浅野同族株式会社に譲った。浅野も一〇年間稼行したあと、一九年に国策会社の東北興業に経営権を渡した。東北興業では、戦時経済体制に備えて設備を一新し、生産量を伸ばしていった。この当時、日本人坑夫は三〇〇人ほどだったが、出炭量は五〇〇〇トンに近かったので、労働力は大幅に不足していた。日本人を雇用するのは難しいので、朝鮮人を使用することになり、東北興業が直接慶尚北道の清道市役所を通じて募集した。

木友炭坑には四〇年に一〇〇人、翌四一年に一〇〇人の朝鮮人連行者が「毎月の興亜報公日には、神社の参拝を行い、国旗を掲揚し、節酒節米禁煙を行い、節約した分は全部貯蓄する」と約束させられて来たという。ほとんどが若者で独身者が多く、長屋式の飯場に入れられた。朝鮮人は、一〇人を一班とした班編制で、班長がいた。だが、朝鮮人に対して警察は厳しく監視した。大正時代に起きた乱闘事件があったからだが、新庄警察署の署員が七日から一〇日に一度は鉱山に来ていた。

朝鮮人は木友本坑、折渡坑、芦沢坑で、運搬、採炭などに使われた。四一年の木友炭坑の従業員は五〇〇余人とあるが、そのうち二〇〇人が朝鮮人坑夫と比重が大きかった。しかし、大正時代に働かされた朴漢成のような朝鮮人の証言は残っていない。『舟形町史』には、「朝鮮人は大食なので、材料の調達に苦労したが、日本人坑夫と差別しないで不足なく与えたので不満はなかった」と、当時の朝鮮人を使役した二人の日本人責任者の挿話を載せている。戦時中の自分たちの行為を正直に述べた日本人責任者はどこにもいない。

二〇〇九年の五月下旬に舟形町に行き、木友炭坑跡を歩いた。山神社と炭鉱の元購買所、所長宅のあった空き地を確かめることができただけで、あとは何も残っていなかった。ただ、元購買所を商店にしている八〇歳ぐらいの女性に「朝鮮人を見ましたか」と聞くと、「いたよ」と私を睨みつけたままひと言いうと黙ってしまった。何があったのだろうか。

永松鉱山《ながまつ》 山形県最上郡大蔵村

山菜採りで空腹しのいだ労働者たち

ズリや精錬所が山の中に残る永松鉱山

幸生鉱山の墓。氏名などは刻まれていない

山形県の大蔵村《おおくら》から寒河江《さがえ》市に通じ国道四五八号は、いまでも冬期間の約七カ月間は交通が閉鎖になる。丈余の雪に覆われるからだ。海抜が八七〇メートルの十分一峠はその昔、永松鉱山に入る商人から売値の一〇分の一の税を取ったところだ。その峠から悪路を鉱山川に下ると、旧永松鉱山の精錬所や沈殿槽などの跡が残っている。廃墟のあとから強制連行された朝鮮人たちの声を聞くのは難しい。

松永鉱山は慶長期に地元の人が発見したとも伝わり、元禄期には三〇〇〇人もの人たちがこの谷に住んで銅を掘ったという。だが、その後は衰弱し、小規模な稼業を続けた。しかし、一八九一年に隣接する幸生《さちふ》鉱山を経営していた古河鉱業の手に移り、精錬所や選鉱場が次々とつくられ、近代的な鉱山に生まれ変わった。

幸生―永松間に道路も開設し、産額は増加して盛況を極めた。しかも、日中戦争がはじまると、軍需省からさらに増産が求められ、鉱山は活況を呈していった。

アジア・太平洋戦争がはじまる直前の永松鉱山は、「人口一五〇〇人、戸数二五〇、従業員五五〇人」であった。しかし、日中戦争が激しくなると、日本の若者は次々と戦場に駆り出され、永松鉱山でも坑夫の不足が深刻になってきた。

一九三九年に「朝鮮人労務者内地移住に関する件」が発令されると、永松鉱山はさっそく申請し、「昭和一五年五月半島労働者四九名の移住」(「東北鉱山風土記」)の許可を得ている。

その後の連行数は明らかではないが、「永松鉱山全体では朝鮮人は家族あわせて最低六〇〇人ぐらいいたと思います。設楽里太という人と武田長治という人が朝鮮に行って連れてきたのです。

鉱山の本局（本部）の佐藤弥三郎さんが朝鮮人を連れてくる釆配を振っていました」（東海林寅雄）と語っている。また、永松鉱山には「六〇〇人ほどいたが、大半は朝鮮南部から送られてきた人たち」という記録もあるので、約六〇〇人ぐらいだった。

永松鉱山に連行された朝鮮人の年齢は平均して三二歳で、二七、八歳~四〇歳までの人たちだった。朝鮮人の飯場は中切、鍰坂、川前、赤沢の四カ所にあり、独身者は一般の社宅から離れた「合宿」と呼ばれる施設で、雑居の集団生活をしていた。既婚者は一家族ごとに仕切られた「朝鮮長屋」に入っていた。

朝鮮人の仕事はほとんどが車夫（トロ押し）で、支柱夫はあまりいなかった。労働時間は原則として三交替制になっていたが、朝鮮人が働いたのは遅番と早番であった。車夫の仕事は厳しかったうえに、早番と遅番で働かされるので疲れがひどかった。

また、食事なども朝鮮人には十分に渡らなかった。永松鉱山では、生活必需品は切符による配給制度になっていた。購買部で品物を受け取るのは、役宅、職員、作業員、朝鮮人の順序となっており、山奥ではなかなか入手できない新鮮な魚や、野菜、果物などが朝鮮人の手に渡ることはほとんどなかった。そのため朝鮮人たちは、仕事の合間に山へ入り、草木の芽や葉、山菜などをとっては食べていた。山菜をよく食べる大蔵村の人たちも驚くほど、たくさん取って食べていた。秋になるとブナやナラ、ドングリの実などを食べているのをよく見かけたという。

朝鮮人には食料だけではなく、衣服なども十分に配られなかった。永松鉱山は寒いうえに雪が深いので、長靴は必需品であったが、朝鮮人には配られなかった。深い雪の中を地下足袋で飯場と坑口を往来するのは大変だった。しかも、雪が降るころになっても、ランニングにパンツといった姿で、寒さにぶるぶる震えていた。坑内に入ると寒くないので冬は空腹でも坑内に長く入っていようとした。また、寝具、作業衣、地下足袋、カンテラなどの作業用具は、無料で支給する約束だったが、日本へきて働くと有料だったりと、朝鮮人は苛められた。

仕事が厳しいうえに衣料や生活用具もこんな状態なので、永松鉱山の朝鮮人たちはよく逃亡した。「逃亡」しても土地不案内な朝鮮人のこと、寒河江側に逃れたものはほとんど捕まったし、夜陰に乗じて脱出しても、とくに冬には、身の丈にある雪の中で凍死したこともあった。しかし、多く失敗する中でも『また逃げた』とはたびたび聞いたが、春三月の雪原表面が固まる堅雪の時に、一度に一三人もの逃亡が成功したこともあった」という証言も残っている。

また、朝鮮で高い賃金の契約をして、いざ永松鉱山にきて働くと、約束した賃金から船賃とか食事代などが引かれ、何カ月たっても一銭ももらえなかった。少し賃金が支払われると強制貯金に取られることが朝鮮人の怒りとなり、二度も大きな事件が起きている。朝鮮人が公務執行妨害罪などに問われたが、実際は「募集係が適当な嘘を言って連れてきたわけだが、約束と実際との違いに対する反発だった」(東海林寅雄)という。

一九四五年八月一五日に日本の敗戦を知った朝鮮人たちは、永松小学校の校庭に飛び出し、輪になって鐘をたたき、躍り上がって喜んだという。迫害された苦しみが大きかっただけに、その喜びはどんなに大きかったことだろうか。

だが、廃鉱になって長い年月が過ぎた幸生鉱山・永松鉱山はいま訪れる人もない。

多《た》賀《が》城《じょう》海軍工廠 宮城県多賀城市

橋桁作るとき朝鮮人を人柱に

多賀城海軍工廠の爆弾工場跡。陸自多賀城駐屯地はいまでも倉庫として使っている

爆弾工場が爆発したときに、被害が拡大するのを防ぐため築かれた土塁

昭和初期の宮城県多賀城村（現多賀城市）は、村の面積の約半分を田や畑が占める農村であった。だが、一九四一年にアジア・太平洋戦争が始まると、日本海軍は軍需品の生産を上げるため国内の海軍工廠の増設をはじめた。東北地方には官設の軍需工場がなかったので、岩手県や山形県も候補地に挙がったが、塩釜港に近く、村内を宮城電鉄と塩釜線（現ＪＲ仙石線）が走る多賀城村に決まった。

この計画と工事は横須賀海軍建築部が行い、軍の秘密事項だったので新聞報道にはなく、記録や資料もほとんど残されていない。

一九四二年五月下旬から、土地の強制買収が始まった。施設用地は村の四分の一にあたる四九万ヘクタール。現在の陸上自衛隊多賀城駐屯地や工業団地、市役所、東北学院大学などがある一帯だ。

土地所有者の六二一人は、六月四日に多賀城国民学校に集められた。特高警察に囲まれては反対の声を上げようもなく承諾書に押印し、その場で買収事務をさせられた。そして一カ月以内に移転するように強いられた。

多賀城海軍工廠は零戦に装備する二〇ミリ機銃、同弾薬包及び爆弾製造の専門工場であった。六月のミッドウェー海戦で敗れた海軍は、航空兵力の多くを失った後だけに緊急工事であった。この工事は北海道の菅原組に請負わせたが、「当時、軍関係の緊急工事は、菅原組でないとできないといわれ、菅原組はこの工事をさらに天笠、伊藤、土居、新川、古林、関口、泉、鹿島、菊池組という業者に下請けさせていた」（「多賀城市史」第二巻）というが、どれだけの人が動員されたかは判っていない。

七月に始まった工廠工事で働かされた朝鮮人は、「北千島の軍事施設工事から転入された徴用労働者の『産業報国隊』が菅原組、大林組などの組に入れられて、約千人動員されていた」(「朝鮮人強制連行の記録」)が、菅原組の「タコ部屋」は即「強制連行された朝鮮人労働者の強制労働者と見られていた」と『多賀城市史』に書かれているのには驚く。

作業は昼夜通しの突貫工事で進められ、朝鮮人たちの仕事は田を埋めて建設用地の造成、トロッコで土砂運搬、鉄道引込線を引く工事などの土木労働だった。

「現在の大代には菅原組の小屋が作られ、これまた多くの労務者が強制労働を強いられていました。立ちんぼという棒頭が太い棒を持ち、脱走しないようにいつも立ちはだかっていました。人夫たちは腹を減らしていたようで、トロッコ押しの最中に倒れたりすることがありました。冬でも裸同然の姿で働かされて」(「恩讐の彼方に沖区あり」)いたという。

菅原組の一二棟の飯場は中央に土間があり、その両側が板敷きで長い丸太が置いてあり、窓は一つもなく、昼も薄暗かった。朝になって丸太の端をハンマーで叩くと、丸太を枕に寝ている人たちが一度に起きた。入口に大きな錠前があり、夜は錠をかけ、終夜番人が巡回していた。また、シェパード犬二頭を飼っており、夜放し飼いにしているので、逃亡はほとんど不可能だった。朝鮮人たちに「布団はなく、毛布二枚だけで、食事も丼飯一杯と汁とおしんこだけで、昼飯は握り飯一個であった。着るものはいつも作業ズボンで、一着支給された後は、何カ月もくれなかった。上半身は、五~八月はいつも裸同然で、ズボンもぼろぼろになって半ズボン状態になっているものが多かった。風呂に入ることはなかったので、皮膚はまるで象の皮膚のようだった。軍から特配の食料や、被服類がきても飯場幹部がピンハネして支給せず、施設部配給の足袋やたばこも一〇倍以上にして売りつけていた」という。

また、菅原組の飯場では、「病気で動けなくなっても、モッコに入れて現場に連れて行って働かせるという状況であった。したがって、当時、多数の死者が出たが、その正確な数字はわからない」(『多賀城市史』第二巻)。

一九七七年頃に、地元の多賀城中学校の郷土クラブの生徒たちが、多賀城海軍工廠の工事を調べた時に、菅原組で働いた朝鮮人・具然圭の証言をまとめている。千島の菅原組で飛行場作りをした後「多賀城に来ても同じで、風呂にも入ったことがないし、弁当のおにぎりをセメント紙に包んだが、紙が固くなり、折り曲げられなくなった。上は裸同然、ズボンはボロ。部屋にはいると、扉に鍵をかけられ、隣と話すことも出来ず、名前も知らないありさまでした」(「多賀城の海軍工廠と他雇部屋」)というが、菅原組がいかにひどかったかが判る。こうした状況の中で、たくさんの死者が出た。「夕方になるとよく馬で屍体を火葬場の裏の畑に運んで埋めた。また、工廠近くの涙橋の橋桁を作るときには、二~三名の同胞が人柱としてコンクリートの中にぶちこまれたという。まったく非人道極まる虐殺行為がなされたという」(『朝鮮人強制連行の記録』)。だが、約一〇〇人ともいわれる朝鮮人犠牲者の実態は、いまだに明らかにされていない。

沼ノ倉発電所 福島県耶麻郡猪苗代町

日本敗戦の前年に連行、多くの犠牲者

沼ノ倉発電所はいま稼動していない

「朝鮮人殉難者慰霊碑」の裏面に33人の名前が刻まれている

福島県内を走るＪＲ磐越西線猪苗代駅に下車し、北に車で約一〇分ほど走った磐梯山麓の長瀬川沿いに、沼ノ倉発電所（耶麻郡猪苗代町）がある。

この発電所は、国策会社の日本発送電株式会社の沼ノ倉水力発電社が事業主体となって起業したもので、アジア・太平洋戦争の敗色が濃くなっていくなかで、不足する電力を増強するため、一九四三年七月に工費約八三五万円の予算で事業に着手した。しかも、翌一九四四年一二月には、工事を完成して発電を行うという典型的な突貫工事だった。

工事は日本発送電の直営で、勝呂組、熊谷組、飛島組、間組、鉄道工業の五つの企業が分担した。沼ノ倉発電所の認可出力は、当初六〇〇〇キロワット、最大有効落差は二八メートル。水源は裏磐梯の秋元湖から取水した。秋元発電所の落水を、四キロの導水路で沼ノ倉発電所まで引水することになっていた。そのため工事は、秋元発電所の落水を引く導水路工事と、発電所ダム工事の二つだった。強制連行された朝鮮人は主に水路工事をしたので、水路四キロの間に朝鮮人の飯場が並んでいたという。

工事を担当した五つの企業は、各組ごとに事務所と飯場を持っていた。沼ノ倉発電所の工事関係者は、総数で約六〇〇〇人といわれ、事務所や飯場に寝泊まりしていた。朝鮮人の場合は、「一飯場に七〇名くらい収容されていましたから、私たちが知っている飯場だけでも一六棟ありましたから、概算で一一二〇名いたわけです。飯場には朝鮮人のみで、日本人といえば、賄いの女の人が数名働いていたくらいです」（李広平）という。このほかに、近くの沼ノ倉集落の農家や物置などに約二〇〇人くらいの朝鮮人が住み、発電所の工事をしていたが、強制連行とは違う別な人たちと言われている。

沼ノ倉発電所の工事に朝鮮人が連行されたのは一九四四年の夏で、「現場にバスに乗って大勢到着しました。夏だから薄い麻の服を着て、足には藁の履物を履いて、猪苗代警察署の特高刑事が、連行されてきた朝鮮人に対し、大要『君たちは、産業戦士としてここに来たのであり、日本の勝敗は君たちの両肩にかかっているのであるから、一生懸命働くように』の訓示」をしたが、「強制連行の実態については、日本発送電の職員が、朝鮮に直接行き来して強制連行したのか、または各組事務所が直接連行を行ったのか、資料、証言に乏しい」（『福島の朝鮮人強制連行真相調査の記録』）ので、判っていない。朝鮮人が寝泊まりした飯場は、バラック建ての粗末な建物だったが、周囲は板塀で囲まれていた。その上に有刺鉄線が張り巡らされ、監視人がいつも見張っていた。とくに、地元の人たちとの接触は禁じられていたという。

朝鮮人の労働時間は、朝の六時から夕方の六時までと長かった。しかも作業は導水路掘りというきつい労働だった。地表から一メートルくらいは火山灰土や石なので、スコップで仕事が出来たが、深く掘っていくと粘土になるので、日本の道具の「つくし」に似た朝鮮の「エンピ」というのを使って掘った。導水路は巾員が広い上に、深さも五メートル強もあるので、底の土を掘り上げるにはモッコで担ぎ上げた。場所によっては三段式に、下からスコップで順々に一段ずつ、土を上に跳ね上げるという重労働を毎日のようにやった。掘った土砂は主に導水路の両側や、長瀬川に捨てていた。電気巻きのウインチを使ってトロッコを運転し、土砂を捨てている人もいたが、それはわずか数人だった。

これほどの力仕事をしているのに、食事はわずかなものだった。ご飯は米・麦・雑穀混じりで、一人一日に二合だった。これを三回に分けて食べたが、丼の中のご飯は、そばから見ても入ってるのがわからないほど少ない量だった。空腹が満たされないので、水を飲んで耐えた。

また、冬の長瀬川沿いは強風が吹く上に、雪も積もるが、夏服できた朝鮮人に冬服の支給はなかった。現場で拾ったセメント袋を背や腹、足に巻いて縄で縛り、寒さを凌いだ。このため、多くの逃亡者が出たが、捕らえられると殴り殺されることが多かった。

朝鮮人の事故死も多い。「現場では、多くのダイナマイトを仕掛け花火のように、バンバンやるものですから、逃げ遅れて吹き飛ばされる場合と、崩れる土砂の下敷きになっての圧死。さらには長瀬川へ土石をトロッコで捨てる時に、身体ごと土石と一緒に川に落ちた転落死や川での溺死が多く、なかには土堤が高いので、重いモッコと一緒に転落死」（『福島の朝鮮人強制連行真相調査の記録』）することもあった。

猪苗代町役場の「埋火葬認証下附診断書綴」の一九三九〜四六年のなかに、「中国人一一名、朝鮮人三三名の死亡者が記録されている。病名は心臓麻痺、脳出血、全身衰弱症、慢性胃腸カタル症などの病名の他に、作業中の事故として埋没、胸椎骨骨折、頭部打撲傷、溺死などが見い出せる」（『猪苗代町史』）という。

二〇〇九年の初冬、沼ノ倉発電所の導水貯水池の畔に建っている「朝鮮人殉難者慰霊碑」を訪ねた。裏に三三人の朝鮮人犠牲者の氏名が刻まれていたが、碑に供花はなく、寒々と風に吹かれていた。

常《じょう》磐《ばん》炭鉱 福島県いわき市

巡査あがりが暴力　一九三人死亡

性源寺内の碑。裏に「常磐炭鉱沈基福外百貳拾八名」とある

常磐炭鉱の火葬場跡に建った妙覚寺。煙突を供養等として残した

福島県浜通り地方南部に、県全域の九%を占める広域都市・いわき市がある。この地域で安政年間に石炭が発見されたが、「その後、湯長谷藩・平藩と結んだ商人らによって掘り出され、タールの原料や黒船の燃料として江戸や神奈川へ送られた」（『福島県の歴史散歩』）。石炭の需要は次第に伸びたが、「西南戦争のため京浜地方に九州炭の移入が途絶し、常磐炭の重要性が高まってきた」（『福島県民百科』）ところに中央資本が進出し、一八八三年に常磐炭鉱社を作り、一〇年後には常磐炭鉱株式会社に発展し、敗戦が近づいた一九四四年に入山採炭も合併した。長く常磐炭田の勢力を二分してきたのが一緒になり、アジア・太平洋戦争下では石炭報国の名の下に増産を続けた。

常磐炭鉱と入山採炭への朝鮮人強制連行は、国家総動員法を背景とする「朝鮮人労務者内地移入ニ関スル件」の通牒に基づき、事業主が係員を現地に派遣して始まった。入山採炭の係員は、一九三九年に朝鮮に行き、「現在大韓民国となっている地域は全部歩いて」（『壁に語る』）朝鮮人を集めた。その結果、常磐炭鉱にはこの年の秋に四九七人、入山採炭には四九五人が第一陣として着山した。その後、朝鮮人連行者は年ごとに増加し、日本の敗戦までに常磐域炭鉱は七三八一人、入山炭鉱は六七八七人、計一四一六八人になっている。

一九三九年の秋頃から「半島係刑事」が主要炭鉱に派遣されたが、常磐・入山の両炭鉱には、朝鮮の中学校を卒業した「半島通」が二人配置され、警備は厳しかった。世帯持ちは鉱夫長屋に、独身者は合宿寮に収容され、「常磐炭鉱の例を挙げると、一つの半島寮には二〇〇～三〇〇人は入る。労務の管理人が一つの寮に四、五人いて、朝鮮人がどんなに具合が悪くても仕事を休ませてはいかん。寮の周りに塀を作って出入口を一カ所にして、詰所の助手のような者がいた。寮長は、満州や内地の巡査あがりが多かったが、いわば労務の親方で暴力を振るわなければ勤まらない。ステッキを持ってビシビシとやるから、いつも生傷のあるやつが寮にいないということはない」(『常磐炭田史』)という状態だった。

朝鮮人たちの仕事は坑内が多く、「先山の言うとおりに石炭トロに積めと言ったら積むしね。発破かけろと言ったらかけるしね。その発破の孔掘れと言ったら掘るしね。石炭積んだトロ押したり」(「ある朝鮮人炭鉱労働者の回想」)した。坑内労働は一日三交替で、一番方は朝六時に坑内に入り、夕方の三時頃にあがった。それから二番方が入り、一〇時頃に出てきて三番方が入ると、翌朝の六時頃まで働いてあがった。仕事が終わって帰る時は空腹で、どの人もフラフラしていた。常磐炭鉱に連行された朝鮮人は若い人が多く、大半が二〇代から四〇代だった。「だから一番食べ盛りの時なのに、食べ物が一番足りない。朝鮮にいる時でも、そんなにうまい物を食べていたわけではないけども、ジャガイモなり、麦ご飯なり、とにかく食べるのは腹一杯食べたんだからね。常磐炭鉱の場合は、イモご飯で米はほとんど入ってないんだが、量が少しなんだ。おかずも十分にないから、お腹空くのでみんな泣いていた」(同)という。

また、作業服もなかなか配給されなかったが、たまに配られるのは薄いシャツだった。引っかけるとすぐ破けるので、いつもボロボロの破れ姿で働いた。しかも南京虫が多く、一回かまれると一晩中かゆいので、夜も眠れなかった。

警備が厳しいうえに、長時間労働、しかも食料が足りないので、いつも空腹状態のところを、南京虫に襲われて眠れないため朝鮮人たちは、日毎に衰弱していった。ところが常磐炭鉱は一九四四年から軍管理になったので、軍隊や憲兵などが配置されたため、朝鮮人の監視はさらに厳しくなった。「日本人もよく青竹で殴られたが、朝鮮人の場合は、さらに大変だったという。軍隊、憲兵らは、会社の上役連中と組んで、労働者に配給する食料をピンハネして贅沢な生活をしていた。そのため、労働者の食料は半減し、豆かすとイモばかりで、ほとんど栄養失調となった。しかし朝鮮人労働者は、これさえありつけず、よく葛の根を掘って食べていた。朝の食事だけでは腹にたまらず、少しばかりの昼の弁当まで食べてしまって、昼飯は食べるものがなくなり、空腹を抱えたまま一二時間の坑内労働に従事した」（「朝鮮人強制連行の記録」）のである。

このため常磐炭田では、多くの犠牲者が出たと伝わっているが、現在は二種類の資料がある。「福島県調査」と「朝鮮総聯調査」だが、県調査では一一六人、総聯の調査では一九三人の死亡となっているが、どの数字が正しいのかはわからない。

二〇〇九年の晩秋に、常磐炭田に筆者が行った時に参拝した性源寺の「常磐炭田　朝鮮人労務犠牲者之碑」の裏には、「常磐炭鉱　沈基福外百貮拾八名」と刻まれていた。また妙覚寺は常磐炭鉱の火葬場跡に建つ寺で、火葬場跡に多くのお骨があるのを埋葬し、煙突はそのまま供養塔として残していた。その他の寺院にも、遺骨や朝鮮人過去帳が残されているというが、常磐炭田の朝鮮人連行者の実態は、いまだに明らかにされないままになっている。

古河鉱業足尾《あしお》銅山 栃木県日光市

「宮城遙拝」強制、目を動かすと殴打

小滝坑の入口は固く閉じられている

全盛期には約１万人が住んでいた。この裏に興亜寮があった

日本の公害の原点と言われる栃木県の古河鉱業足尾鉱業所（現日光市足尾町）は、閉山して三五年の歳月を経た今も、精錬所の煙害などで荒廃した風景に息を呑む。日本のグランドキャニオンと呼ばれる松木渓谷は、一木一草もない地肌を露出させている。銅山の被害に苦しむ、農民の惨状を訴えた田中正造などの運動はいまでも知られている。だが、足尾銅山に強制連行され、犠牲になった朝鮮人、中国人のことはあまり知られていない。

足尾銅山は一六一〇年に二人の農民が備前楯山で銅鉱を発見し、幕府の直山となった。一八七七年に古河市兵衛の経営となり、銅山や銅精錬事業に力を入れ、精錬所が新設された。

このころから精錬所から出る煙害が農民を苦しめ、渡良瀬川の鉱毒問題で、田中正造代議士が帝国議会で抗議の質問を行った。

だが、中国侵略を進める日本は一九三七年に日中戦争へ突入し、不況で休んでいた工場からも煙が上がり、失業者たちは軍隊や軍需工場に動員された。足尾銅山でもこの体制にならって、足尾銅山鉱業報告会が作られ、各坑課ごとに増産運動が行われた。一九三五年当時の足尾銅山の従業員は六五九六人で、全部が日本人であった。しかし、「戦争が進むにつれ、職場の中堅層は、徴兵に狩り出され、あるいは、足尾より労働条件の良い軍需産業へ転職する」（『足尾銅山労働運動史』）人が多くなり、労働力不足が深刻になった。その不足分を補うため、一九四〇年から朝鮮人連行者を銅山に入れ、主に坑内の運搬夫として使うようになった。

栃木県内には一五事業所に連行しているが、足尾銅山が栃木県に提出した名簿では、一九四〇年から一九四五年八月までに朝鮮人は二四一六人が連行されており、最も多い。足尾ダムの下にある高原木収容所に約八〇〇人、渡良瀬川に沿った砂田の近くの収容所に約八〇〇人、庚申川上流の小滝坑跡のすぐ南に興亜寮があり、朝鮮人約八〇〇人と、二五七人の中国人連行者が収容されていたという。高原木収容所には家族持ちも入っていたが、興亜寮のように朝鮮人と中国人を一緒に収容しているのは全国的にも珍しい。普通は二~四キロメートルほど離して接触させなかった。寮は三階建てで、腰をかがめないと歩けなかった。日本人の寮長がいて、その下にいる数人の監督も全部日本人で、いつも桜棒を携帯し、気にくわない朝鮮人がいると殴った。

アジア・太平洋戦争の時の足尾銅山には、四つの坑山があった。通洞坑（大口坑ともいった）、本山坑、簀の子坑、小滝坑で、この四つの坑山を総称して足尾銅山といっていた。この坑内で朝鮮人は働かされた。作業現場では班に分け、一班に日本人と朝鮮人が五~六人で、班長は日本人だった。連行された朝鮮人は、高齢者で七一歳、最も若い人で一五歳以下の少年が三人もいたが、この人たちも一人前の仕事をさせられた。

仕事は一日三交替だった。朝は五時前に起きて準備をし、「集合」の号令がかかると広場に出て整列した。「宮城遙拝」のあと、不動の姿勢をとった。この時に目の玉を動かしたのを見られると、木刀のような棒で頭を殴られた。食事は鰯とトウガラシの缶やトウガラシ味噌などをオカズにしていたが、それも次第に少なくなった。

ご飯は弁当ではなく握り飯だったが、それが小さいのでいつも空腹だった。腐った芋などが落ちていると、拾って食べ、腹をこわした。仕事は割り当てなので、全部が終わらないと帰れなかった。しかし、空腹では仕事が十分にできないので、帰りが夜中になることもあった。栄養失調で倒れる人も多く、大根みたいに足がビーンと張った死体が、リヤカーでよく運ばれてきたという。朝、体調が悪くて起きれないでいると、日本人の労務係が来て「仮病を使うな」と桜棒で殴られた。なかには病気で仕事に行けない朝鮮人を電柱に縛り、見せしめに殴るなどの凄惨な場面が繰り返されたという。また、坑内の事故も多く、ケガをして運ばれてくる朝鮮人もたびたびだった。

「足の切断なども多かった。死んだ人も多い。一カ月に朝鮮人は、十数人ほど担ぎ込まれた」(趙観燮)と、朝鮮人は証言している。

このため逃亡する人が多く、約八〇〇人ほどが逃げている。だが、「逃亡して捕まって戻ってきたら、片輪になるか、死ぬかどっちかで、使い物にならない。だから逃亡は死ぬか生きるか、ふたつにひとつの覚悟で逃亡しないとダメです。それで捕まって殴られ、大きな声であれだけやられても、『お前は長生きしろ!』と言うのです」(「遙かなるアリランの故郷よ」)という悲しい叫びも記録されている。

県朝鮮人強制連行真相調査団の発表では、「足尾町役場に残っていた当時の火葬、埋葬許可書と、同町の寺の過去帳を、町と仏教会の協力で、あらためて調べ直した。その結果、七三人の朝鮮人の死亡年月日、死因などが分かった。死因は、肺炎などの病死以外に、頭蓋骨骨折など、事故死と見られるものが目立つ。また、逃亡したすえの凍死もあった」(下野新聞、一九九七年八月六日)という。調査団では小滝の専念寺説教所跡に、七三人の氏名を記した銘板を立てた。その前に立つと、人の叫びにも似た庚申川の流れが聞こえる。

日立鉱山《ひたち》 茨城県日立市

待遇改善要求すれば、棒頭たちが鎮圧

日立鉱山の入口

日立鉱山の大煙突

　ＪＲ常磐線の電車が日立駅に近づくと、多賀山地に日立のシンボルとなっている日立鉱山（茨城県日立市宮田）の大煙突が見える。

　日立鉱山は古くは赤沢銅山と呼ばれ、その開発は一五九一年と古い。一時中止されたが明治になって再開。日露戦争後に久原房之助が買い取って日立鉱山に改称した。第一次世界大戦を機に飛躍的に成長を遂げ、小坂（秋田県）、足尾（栃木県）、別子（愛媛県）とならぶ、四大銅山の一つになった。また、一九三一年の満州事変で軍需産業が活況となり、さらに日中戦争の勃発で戦局が激しくなるに従って、戦場での武器弾薬などの軍需品がいっそう必要となり、軍需生産が急がれた。

　戦時下の日立鉱山では、石炭などの原材料の入手難とともに労働力が不足し、とくに鉱山部門では深刻になった。勤労報国隊・女子挺身隊・学徒動員などを次々と動員した。それでも労働力不足は解決できないので、朝鮮労務協会に申請して朝鮮総督府から募集を許可されると、日立鉱山の労務担当者が朝鮮に行き、朝鮮人を強制連行してきた。

　そのときの様子が、「徴用する者はもうほとんど強制的なんだね。あの年配の者を見て、野原でこれいいんじゃないかっていうことで、これよかっぺっていうことで、だめだって言っても、いや、いいだねえかって」（「県民の生活聞き書き集」第一三号）と次々にトラックに乗せて連れてきたと、朝鮮人を集めに行った労務担当者の話が収録されている。

　朝鮮人連行者の第一陣が日立鉱山に到着したのは、一九四〇年二月一四日だった。第二陣は三月一七、一八日に来たが、それ以来四五年一月まで一五次にわたる連行が繰り返された。この間に「日立鉱山に連行された朝鮮人は、延べ四千人を超えていた。朝鮮人動員数（男子）は、一九四〇年五月に鉱員の八％強を占めて、以後、急速に増え続けた。一九四四年には、全鉱員の三割が朝鮮人鉱員で、しかも坑内鉱員全体のほぼ半数を占めていた。この時点では、中国人鉱員も就労していたので、全鉱員の三四．三％、坑内鉱員の五四．九％が朝鮮人と中国人であった」（『茨城県の百年』）。戦時下の増産体制を維持するために、不足する日本人労働者を補填したというよりも、日立鉱山の生産活動は、朝鮮人、中国人連行者をぬきにしては考えられなかった。

しかも、一五次にわたる直接連行の他に、日本鉱業傘下の他鉱山に連行された朝鮮人が転入してきた。旭日鉱山（兵庫県）、河津鉱山（静岡県）、大谷鉱山（宮城県）、高玉鉱山（福島県）などからだが、経営の異なる鉱山からも来ていた。

では、こうして日立鉱山に連行された朝鮮人の生活や労働はどうだったのだろうか。

飯場の中は「畳と言ったって表はありませんよ。下の藁だけ。それで、蚤がなんぼでもおるのだ。七～八畳敷ぐらいの部屋に、一二人ぐらい住みました。窓はガラス戸じゃなく、上から戸板を下げたようなものなので、開けておくときは、それを棒で支えておくのです。構内の入口には、夜も見張りが立っていました」（『在日朝鮮人史研究』第七号）。飯場の周りに塀や鉄条網は張っていなかったが、夜は飯場の外に電球をつけ、高い山に見張りが一二～一三人もおり、一二時間交替で見張っていた。

日本に来るときは、坑内には入れないという約束だったが、実際には坑外に何人も置かず、ほとんど全部が坑内に入れられた。約束が違うと騒ぐと、鉱山の棒頭に叩かれた。朝鮮人の仕事は坑内で「鉱石を車に積む仕事でした。三交替、八時間労働です。鉱石というものは重いものですよ。それを車に積むのに力一杯だったね。病気になっても、怪我をしても、医者がなかなか証明書をくれない。証明書がないと食券をくれない。食券がないと食事ももらえないから、病気になっても怪我をしても、食券欲しいから坑内に入る者がいっぱいおったね」（『日立戦災史』）と語っている。

「食事は食券を持っていってもらうんです。ご飯は、さつまいもやジャガイモが半分ぐらい入っているよね。米は南京米が主だったね。食事の量がたらん」（同）ので、朝鮮人はいつも空腹だった。厳しい仕事に食糧不足のため、逃亡や食堂管理人への改善を要求する動きが起きた。だが、改善要求は受け入れられることがなく、いつも棒頭たちに鎮圧された。

日立鉱山に強制連行された朝鮮人たちの実態は、市役所も戦災で焼けたので、資料はほとんど残っていないという。怪我人や病人の数はもちろんのこと、死者たちの数もわかっていない。鉱山内にある本山寺の「過去帳を調べたところ、一九四〇～一九四五年の間に五六名の死亡者氏名が載っており、遺骨三〇体が置いてあった。遺骨には、氏名不詳四名、名簿に氏名の記載がないもの八名があって、合計六八名の死亡者がわかった」（『朝鮮人強制連行の記録』）という。二〇〇九年初冬に二度目の調査に行ったが、これ以上の資料も記録も見つけられなかった。

岩本《いわもと》発電所 群馬県沼田市・みなかみ町

落盤死、転落死、トロッコとの衝突死

後閑地下工場の入口は、いまでも見ることができる

利根川につくられた岩本発電所の取水口

群馬県の北部から流れる利根川に沿ってJR上越線が走っている。沼田市の岩本駅の裏側に、東京電力の長い導水管と岩本発電所が見えるが、この発電所は、アジア・太平洋戦争の末期に、京浜地区軍需工場の電力不足を補うために計画された。工事は間組利根川出張所が請け負ったが、この発電所の水は、利根川の約二〇キロの上流に取水口を造り、支流の赤谷川の水も引いたもので、当時としては大工事であった。導水トンネルの工事が始められた一九四四年には、働ける日本人を集めることが不可能になっていたので、約一〇〇〇人の強制連行した朝鮮人を動員したことは「朝鮮人に関しては、当社の労務課が朝鮮に数回募集にいった。動員された朝鮮人の数は、約一〇〇〇人に達した」(『間組百年史』)と社史にも書いている。

同じ時期に中国人たちも利根川出張所に連行されている。一九四四年四月に直接中国から六一二人が船に乗ったものの途中で六人が死亡し、六〇六人が到着している。間組では取水口から発電所までの利根川に沿って八棟の飯場を造り、そこに朝鮮人や中国人を収容した。作業ははじめに材料運搬をやり、馴れてからトンネルを掘る仕事をした。完成を急ぐ作業だったので仕事は苛酷をきわめ、落盤死、転落死、トロッコへの衝突死などが多発した。危険な作業現場だったことをこれらの死因は語っている。

また、朝鮮人や中国人が利根川出張所の現場に来た時から健康状態は悪く、「すでに極限状況であった。当時、食料は非常に粗悪で、かぼちゃ、とうもろこし、さつまいもなどが主食であったが、それすらも満足には食べられない慢性的な飢餓状態にあった。過酷な作業のために死亡者が続出し、中国人は四三名が死亡した。また、こうした劣悪な条件に耐えられず逃亡する朝鮮人、中国人も相次いだ」と、間組の社史に書かれている。粉に豆を入れて作った人の拳ほどの小さな饅頭が一食に三個だったというから、これでは重労働などできるものではない。作業の合間に水を飲んでは飢えを凌いだというが、これも監督に見つかると棍棒で殴られた。仕事の行き帰りに道端で食べる雑草で、空腹を満たすことも多かった。

五月の雪解けで増水した時に、河原に建てた飯場が流され、川下で死体で上がったりした。また、そのまま流されて行方不明になった人もいた。夜に逃亡した人が捕まり、しばられて飯場の前に座らされると、同じ飯場の朝鮮人に棍棒で殴らせた。殴らなければその人が監督に死ぬほどぶたれた。涙を流しながら同胞を殴る人もいたが、殴られて気絶する人もいたというから、毎日が地獄だったにちがいない。作業が難儀なうえ、栄養失調で体が痩せ細り、前途に希望を失って自殺する人もいた。のちに見つかった死亡者の診断書（多くが信用できないと言われているが）が「溺死」となっているのはこの人なのかもしれない。

これほど多くの犠牲を出して工事が進められていた岩本発電所の建設は、一九四五年三月に突然中止になった。近くの旧古馬牧村（現みなかみ町）後閑（JR上越線後閑駅の東の山麓）で、中島飛行機後閑地下工場の建設工事が始まり、間組後閑出張所がこの工事を請け負った。生き残った朝鮮人、中国人の連行者たちは、全員この現場に移された。

中島飛行機は、戦時中に日本の軍用飛行機の約三〇％を製造していた。だが、一九四五年二月に米空軍の爆撃を受け、ほぼ壊滅状態になった。そのため海軍の軍用機を製造していた小泉工場の疎開先として、後閑地下工場が造られることになった。まっさきに海軍第三〇一三設営隊六〇〇人が来て工事にあたったが、労働の主力は、朝鮮人と中国人だった。はじめは利根川から基礎用の玉石を運搬したが、すぐに地下工場の掘削に従事した。火急を要する工事なので労働時間も長くなったが、食料は逆に不足したという。

「やせ衰えた五体に頭髪ばかりがいやに伸び、手足の皮膚は、黒光りするほど厚くなった垢がひだをつくり、奥深くくぼんだ眼光だけが異様に輝いていた」と、工場が建設されていた『古馬牧村史』に書いている。手で押すと倒れ、倒れるとしばらく起き上がれないほど弱り、骸の集まりのようだったとも書いている。

地下工場の入り口は七本で、深さは一五〇メートルほどだった。碁盤の目のように二〇数本の横穴が掘られ、中ではトラックが自由に方向転換ができるほど広かった。工場は、七月末に完成し、工作機械も据え付けられ、約四〇〇〇人の工員が働くことになった直前に、八月一五日の敗戦ですべての作業が中止になった。

岩本発電所の導水トンネル工事で四九人、後閑地下工事で一〇人の中国人が死亡し、如意寺境内に中国人殉難者慰霊の碑が建っているが、朝鮮人は死者さえ不明だった。のちに、群馬県朝鮮人、韓国人強制連行犠牲者追悼碑を建てる会の人たちの手で、二つの工事現場で二三人の朝鮮人死者が確認されたものの、「このほかに、氏名も人数もわからない供養も埋葬もされず、土中に眠る多数の犠牲者」がいるという。

二〇〇四年に県立公園「群馬の森」に、群馬県内に強制連行されて犠牲になった朝鮮人の追悼碑「記憶、反省、そして友好」が建てられた。

八王子浅川《あさかわ》地下壕 東京都八王子市

最盛期には四〜六千人を強制徴用

浅川小学校から見た金比羅山。この下にも地下壕がある

草木が茂っている地下壕の入り口

東京駅からJR中央本線に乗り約一時間で高尾駅に着く。駅前からはビルで見えないが、高架の京王電鉄の高尾駅ホームからは西に金比羅山、南に初沢山が見える。この山の中に総延長で約一〇キロの地下壕がいまも残っている。しかし、この地下壕のことは地元の人もあまり知らない。それは「日本人が掘ったのではないから、地下壕の中に入ったものは、八王子の地元の人々でもあまりたくさんいない」(『武州八王子史の道草』)からだ。では誰が掘ったのか。朝鮮人たちである。

アジア・太平洋戦争の頃、この地域は、東京都南多摩郡浅川町であった(現在は、八王子市高尾町)。当時、町の九割は山林で、人口は約四〇〇〇人ほど。織物、林業、農業などで生活をする静かな町だったが、突然地下壕を作る工事がはじまると町は一変した。

一九四四年の九月初旬、陸軍東部軍の担当者が町役場にくると、「陸軍の倉庫にする地下壕を掘るので協力を頼みたい」と言った。地主会議が開かれ、用地買収を説明されたが、反対すると「非国民」と見做される時代であった。数日後に書類へ印鑑を押すと、すぐに道路工事や、この工事で働く人を収容する飯場や事務所を建てる作業がはじまった。

この工事は「ア工事」、または「浅川倉庫建設工事」といわれ、鉄道建設興業を経由して佐藤工業と大倉土木(のち大成建設)が請け負った。地下壕は三カ所で進められたが、佐藤工業が二カ所、大倉土木が一カ所だった。工事は九月中旬からはじまった。この掘削工事と、イ地区の地下壕に移された中島飛行機武蔵製作所の施設工事に動員された朝鮮人の数は、どのくらいになるのだろうか。『武州八王子史の道草』では、「五千人からの労務者」と記されているが、浅川の全労務者の食糧配給を一任されていた青木組の青木保三は、『七〇年を顧みて』の中で、「最盛期には、中島関係と私の方とを合わせ、全労務者は三千名に達した」と記録している。「地下秘密工場」では、佐藤工業の場合は、帰国した朝鮮人の数を根拠に五〇〇人（家族も含めると一五〇〇人）とし、さらに大倉土木一〇〇人、青木組五〇〇人、合わせて約一五〇〇人と割り出している。「これらの事実関係と飯場の規模などから推定すると、二千人前後、家族も含めると約三千人という数字が考えられる」（「西東京朝鮮人強制連行の記録」）としている。

しかし、一九四三年に慶尚南道から強制連行され、静岡県の日本坂トンネル掘削工事現場で働いたが、酷使されるのに耐えられず逃げた後、浅川地下壕を掘った姜寿熙は、「当時浅川には、初沢朝鮮人部落（今の浅川小学校の前）があり、一二～一三棟の長屋の飯場が並んでいた。また、原部落には六棟の飯場があり、落合部落には二棟の飯場があった。この地下を掘るため、朝鮮から連れてこられた多くの強制徴用工が住んでおり、最盛期には四～六千人にも達していた」と語っている。いまでは工事に携わった関係者に会うことは不可能で、朝鮮人の人数を確かめることはできなかったが、戦争末期の浅川地下壕の工事にはぼう大な人数が集められていた。

朝鮮人が収容された飯場は、「三角のテント式のバラックがあった。原島には、独身者用のバラック長屋が三棟か四棟あった。川の向こうには、家族持ちのバラック長屋が二棟あった。飯場といっても雨が降ったら雨漏りがする建物だった。人間の住むところではなかった。独身者用のバラックは、畳を縦に二枚敷いて、それがずらっと片方二五枚、片方二五枚敷いて合わせて五〇枚の広さのバラックだった。敷居などまったくなく、畳一畳が一人分で、一つのバラックで五〇人住んだ。左右、頭を両端にしてアシを合わせて寝た。そのなかに便所もあった」（都立館高校

『紀要』第九号）という。

作業は削岩機を使う人、発破をかける人、掘削で出されたズリ（土砂）をトロッコを押して運ぶ人と、危険な仕事はほとんど朝鮮人がやらされた。三交代という厳しい労働であった。しかもこの工事は、戦争末期の緊急工事で、各地から急いで集めた朝鮮人が主力なので、落盤事故が多発し、多くの死者や負傷者が出たと言われている。だが、会社の下にたくさんの組があり、朝鮮人は飯場ごとに孤立していたこともあって、死者の実態は明らかになっていない。「佐藤工業配下では、ほぼ確実なのが一人、大倉土木、池田組関係では、朴慶植の調査によれば四人である」（「地下秘密工場」）が、怪我人は大勢でたらしいという。工事に動員された朝鮮人も二〇〇〇～六〇〇〇人とはっきりしないが、確実な死者が五人というのも理解できない少なさだ。

浅川地下壕は残されているが、案内板は一枚もない。ただ一カ所希望者があると公開していたところも、二〇〇九年八月下旬に筆者が訪れた時は、責任者が病気で、中に入ることができなかった。巨大な浅川地下壕は、地元から文化財に指定をと言う声も出ているが、いまはひっそりと地下に眠っている。

松代《まつしろ》大本営 長野県長野市

篠ノ井旭高生らの「平和の史跡」保存運動

松代大本営地下壕群には恵明寺口からだけ入壕できる。全体の10分の１以下で、もっと公開することを望む声がでている

恵明寺口のそばに建っている「朝鮮人犠牲者追悼平和祈念碑」

アジア・太平洋戦争のとき、「大本営発表、我帝国陸海軍は…」と、粉飾され誇張された日本軍の戦果が勇ましくラジオから流れた。この「大本営」とは、戦争の時に天皇・陸軍参謀総長・海軍軍令部長とで構成し、戦争を指揮する最高統帥機関であった。大本営は一八九三年に初めて置かれ、日清・日露戦争の時と、アジア太平洋戦争の時にも設置された。だが、日本軍の最高司令部であるこの大本営を、地方に移す計画が一九四四年に浮上した。

一九四一年にハワイ・真珠湾の奇襲に成功した日本軍は、その後の緒戦でも勝った。しかし、半年後にミッドウェーで大敗北してから、日米の形勢が逆転した。一九四三年一一月には大本営が「絶対国防圏」（これ以上攻め込まれると日本本土が危ないとするライン）が、連合軍による太平洋上のマキン、タラワ両島の陥落、マーシャル群島のクエゼリン、ルオット両島の上陸で崩れた。

本格的な本土空襲が間近に迫ったため、東京から大本営をはじめ、天皇、皇族、政府機関、日本放送協会、印刷局、通信施設など、国家と軍の中枢すべてを移転する計画が立てられた。この松代大本営の工事は、陸軍省の指導・管理の下に、西松組（現西松建設）と鹿島組（現鹿島）が請け負った。また秘密保持のため、「松代倉庫工事」（マ工事）と呼称された。

工事に関係する土地買収は一九四四年夏から始まり、つづいて飯場の建設、労働者移入と進められ、一一月から本工事が昼夜兼行の突貫工事で始まった。日本の敗戦まで約九カ月の工事期間中に延べ三〇〇万人が働いたが、「その中心は七千人以上の朝鮮人労働者でした。国内にいた朝鮮人のほか、朝鮮から強制的に日本に連行された人々が松代に送り込まれ、西松組、鹿島組」（「マツシロへの旅」）の飯場に入れられ、働かされた。その飯場は「屋根かけて板でぶつけただけで壁がない。雨でも降れば部屋の中へ雨が吹き込んでくる状態。飯場の中は、暖房どころじゃない。布団だって中は藁だが、破けちゃってボロボロになると、部屋の中だか豚小屋だか判らない」（崔本小岩）状態になった。強制連行の人たちは、朝鮮から着てきた夏の朝鮮服のままで冬も働いた。

朝鮮人たちの食料もひどかった。「飯場では配給米はわずかしかなく、麦やコーリャン、大豆が大部分で、野菜などはなく、野草を採ってきて入れて食べた。肉や魚などは、月一回あるかないかの程度で、三食ともコーリャン九に米一の割合の、真っ赤なご飯がアルミのお椀に一杯だけ。おかずは塩をふって食べた。栄養失調で死んだり、失明した人もいた」（『松代大本営』）という。だが、敗戦後に西松組の所長が逃げたあとの倉庫に行くと、米、地下足袋、服などが山ほど積んであったというのだ。

トンネル工事の現場は、岩盤が堅いうえに石が多く、難工事であった。当時は、機械といってもコンプレッサー、削岩機、送電、送水管ぐらいのもので、あとは手工事だった。削岩機で穴をあけ、ダイナマイトを仕掛けて発破させ、砕けたズリをモッコやトロッコで穴の外へ運び出した。この作業を繰り返しながら奥へと進むのだが、強制連行の朝鮮人はもっとも危険な穴の最前線の現場で働かされた。「穴の中だから風が通らない。砕けた岩の粉がもうもうとして、あたりは見えず目が痛い。体の弱い人は倒れたり、岩が落ちて怪我をしたり、いつ死ぬかそればかり考えて」（崔本小岩）働いていた。

しかも、朝五時に出ると、夕方五時まで働くという二交替だったが、請負仕事なのでできるまで働かされた。工事中に落盤事故で死ぬ人も多発した。「多い時は、日に平均六人が死んだという。けが人なども続出した」（「中央公論」一九五九年七月号）が、そうした犠牲者は「すでに用意してある棺に入れ、車に積み込んでそのまま火葬場に運び焼いた。もちろん死亡診断などの手続きなどは行われなかった」（「月刊新信州」一九六七年三月号）という。犠牲者は金井山にある火葬場で焼いたといわれるが、遺骨はどこにも残されていない。

筆者が松代町に行ったのは、二〇〇九年の夏だが、町内を歩くと、いまでも噂話を聞くことができる。その中でもとくに心に残ったのは、鹿島組では東京付近の工事現場から選抜して一八〇人の朝鮮人を松代に連れてきた。人目につかない二カ所の飯場に入れて、秘密の工事をした。天皇の御座所だろうと言われている。その工事が終わった後、口封じのために四六人が殺されたという「朝鮮人虐殺」の話である。あとで資料を調べると、信州大学の調査報告にも書かれていた。

松代大本営地下壕群の記録は敗戦後に消却され、その全貌はいまだに判っていないという。しかも、敗戦後放置されていた大本営地下壕群を一九八五年に「平和の史跡」として保存しようと呼びかけたのは、篠ノ井旭高校の高校生たちであった。それから調査と保存運動が始まり、光があてられたのである。

平岡《ひらおか》ダム 長野県下伊那郡天龍村

山奥の飯場は杉皮と板でできた掘っ立て小屋

平岡発電所に中部電力が建てた「慰霊碑」には「朝鮮人13名」とだけ刻まれている

平岡ダム

諏訪湖に源を発し、長野、愛知、静岡の三県を貫流して遠州灘に注ぐ天竜川には、多くの水力発電所用のダムがある。その中でも最大規模を誇るのが平岡ダム（長野県下伊那郡天龍村）だが、日本人労働者のほかに、外国人たちの累々たる死屍の上に建設されたものだ。

平岡ダムは、太平洋戦争が始まる前の年の一九四〇年に、その当時、軍需工場が集中していた名古屋方面に大量の電力を供給するという、戦争遂行のための国家的要請に応えるために着工した。事業主は日本発送電株式会社、工事は熊谷組平岡作業所が請け負った。

しかし、日本人は召集や徴用にとられ、地元でもわずかしか雇用できないので労働力が不足した。「現在では、機械力を駆使するところだが、当時は人力とツルハシでそれを賄った。その人力とは、初期の頃は朝鮮人のことだ」（「日本のダム開発」）という。では、この朝鮮人たちはいつどのように連行されたのかは資料がないので判っていないが、「日本の植民地であった朝鮮半島からは、この平岡ダム建設工事に、自由渡航で来た朝鮮人のほかに『官斡旋』という名の徴用（強制連行）による朝鮮人が約二〇〇〇人来ていた」（「三千里」一九八二年二月号）と言われている。敗戦後の一九四六年七月に、長野県知事が厚生省へ提出した報告書には、「官斡旋で一九二一人」が平岡ダムの建設工事に来たと記されている。ほかの記録にも約二〇〇〇人が来たとかかれているが、山奥の工事現場に膨大な数の朝鮮人が来ていた。

朝鮮人たちは、工事現場近くの十数棟の掘っ立て小屋に入ったが、「飯場は、丸太に杉皮や板を打ち付けただけのガラス窓一つない粗末なもの。高さも、人がかろうじて歩ける程度」（朴斗権）で、「宿舎は、まるで豚小屋のようなところ。山の中腹に作られ、飯場にムシロを敷いていたが、風が吹くと下から吹き上がってしまうほどスースー。とても人間の住む所じゃなかった」（「強制連行された朝鮮人の証言」）と語っている。雨の日には飯場の中を水が流れるので湿度が高く、多くの人が皮膚病になった。

日本に来てからは衣服の配給がなく、ほとんどの人が着の身着のままであった。靴も破れると代わりがなく、藁を拾って足に巻いたが、人数が多いので藁もなかなか入手できなかった。夏はぼろぼろの服でもよかったが、冬は寒さに震えた。入浴ができなかったので、肌やぼろ服は垢で黒くなり、シラミがわくようについた。夜に毛布一枚を被って寝ても、シラミに食われて痒く、眠れなかった。

食べ物も貧しかった。「食事は、パン食。パンは小麦粉と代用の米ぬかやフスマを六対四の割合で混ぜて作った。コッペパンに似た縦長のパンが一日三個と、塩水に近い汁だけであった。これでは到底空腹を満たすことはできず、近くの畑から野菜をかっぱらって来たりするので、何回か謝りに行ったこともある」（寺平政美）という。

朝鮮人たちが歩いた飯場と作業現場の間の道端の草とか木の葉は、歩きながら取って食べるので木は裸になり、道端の草がなくなったと伝わっている。

作業の内容は、河床の砂や石をツルハシで掘り出し、モッコやトロッコで運搬した。鉄道の貨車でセメントが着くと、六〇キロの袋を背負って運んだ。仕事の時間は午前六時から午後六時までだが、午前一一時半から午後〇時半までの一時間と、午前九時と午後三時からそれぞれ一五分ずつの休憩という規則になっていたが、日本人の現場監督によっては短かったり、なかったりした。朝鮮人が休みを求めると、現場監督に殴られた。また、作業の準備などがあるので、実際は起床は午前四時半頃。現場の後片付けをして飯場に戻るのは午後七時頃だった。

夜になると、朝鮮人の飯場にカギがかけられた。逃亡する人が後を絶たなかったからだ。

長野県知事が厚生省に出した報告書には、「一九二一人のうち、一五七五人が逃亡」と記されている。大変な人数だが、それだけ朝鮮人が置かれている状況は厳しかった。捕らえられると、リンチが待っていた。「怒鳴り声と大きな泣き声が聞こえるので、なんだろうと行ってみると、頭髪をトラ刈りにされ、上半身裸で両手を後ろに縛られた、中年の体格の良い男が道路に座らされ、監視人から殴る蹴るし放題のリンチを加えられていた。男は、あまりの苦痛に大声をあげていたが、リンチは続けられた」(「捕虜たちがいた村」)。あと、警察のブタ箱に一週間ぐらい入れられた。

また、「栄養不良や労働環境の悪さから、事故や病気が多かった。一九四五年四月までに、少なくとも二四人が死亡した」(「日本のダム開発」)が、怪我をしても死亡してもなんの補償もなかった。しかし、長野県知事の厚生省への報告書には、「死亡一一名」と記されている。なお、平岡発電所に中部電力が建立した慰霊碑には、日本人犠牲者三三人の氏名と「中国人一五名、朝鮮人一三名」と人数のみ刻まれている。だが、「工事の事故による死者が一三名ということで、実際はもっと多くの死者が出ただろうと考えられます。村役場に保管されている埋火葬許可簿には、六〇名の朝鮮人の名前が記載されています」(「平岡ダム建設における外国人強制労働の実態」)という。また、連合軍や中国人犠牲者の氏名を刻んだ碑があるのに、朝鮮人連行者の碑は建っていない。朝鮮人は死んでからも差別されているのだ。

中島飛行機半田《はんだ》製作所 愛知県半田市

防空壕もなく避難命令伝わらず

雁宿公園の「平和記念碑」

市営墓地の「諸精霊之碑」

愛知県半田市乙川地区は大正期に海を埋め立てて水田が造成された所で、農業を中心とした人口七〇〇〇人ほどの静かな村だった。一九四二年の夏、突然この村で工場と飛行場用地の買収が始まった。田畑を失いたくないと農民は反対したが、「戦争に協力しないのか」と圧力をかけられ、仕方なく農地を手放した。その土地に造られたのが中島飛行機半田製作所である。

中島飛行機は中島知久平が一九一七年に創立した航空機製造企業で、群馬県の太田製作所、小泉製作所を中心に、陸・海軍機を製造していた。

一九四二年六月にミッドウェー海戦で敗北した軍部は、軍用機生産の増産を要請した。これを受けて中島飛行機は、工場の増設を計画した。また半田市では、軍需工場を誘致して地域の発展を図ろうとしていた。両者の利益が一致したため、四二年八月に中島飛行機の海軍機製造工場としての半田製作所の起工式を行い、用地の買収を始めた。

用地の買収が終わると、工場敷地の造成は清水組（現清水建設）が請け負った。「造成工事に従事した労働者は、ほとんど在日朝鮮人でした。朝鮮人の土木業者が清水組の下請けになり、その組頭のネットで全国各地から集まり、また朝鮮南部から新たに家族連れで半田に出稼ぎに来た人もたくさんいました。この人たちは、工事現場近くの飯場といわれる粗末な宿舎で生活しました。その人数は、約五〇〇〇人と推定されています。労災や空襲の犠牲になった人たちも多いようですが、くわしいことはわかりません」（「半田郷土史だより」）。この後の調査で、造成工事の在日朝鮮人犠牲者は労災で一人、空襲で一一人が確認されているが、全貌は不明である。

軍部の要請で半田製作所の操業開始は急がれたが、埋立地や田畑を整地し、その上に大工場を建設し、工作機械を設置するには時間がかかり、飛行機の生産が始まったのは、起工式から一年四カ月後だった。工場には群馬の小泉製作所から約一〇〇〇人の工員を連れてきたが不足し、学徒や徴用工も大量に使った。それでも生産は軌道に乗らず、兵隊も働かせて飛行機の組み立て作業をさせた。しかし、国内で労働者を集めるのは不可能になっていた。

四四年九月から朝鮮にも国民徴用令を適用した。国内の軍需工場では軍需省に申し込んだが、半田製作所には一〇〇〇人が割り当てられた。半田製作所からは「労務課員と従業員中の在郷軍人十数名が四四年一一月、北朝鮮の興南市で待機し、集められた二〇~三〇歳の青年を、貸し切り列車で引率して釜山に向かった。途中、列車から五、六人が飛び降り逃亡した」（『旧中島飛行機半田製作所』）という。だが、連行してきた人数は書かれていない。『半田市誌』には、一二〇〇人の朝鮮人が連行されてきたと書かれている。

九二年に中島飛行機半田製作所「被保険者名簿」を半田市が公表したが、それには一二八二人の朝鮮人が記載されており、うち一二三五人が直接朝鮮から連行されてきている。

半田製作所に着いた朝鮮人は、本工場から約二キロ離れた長根寮と新池寮に収容され、朝と夕に隊列を作り、日本人班長に率いられて出勤した。工場での作業は、艦上攻撃機「天山」や艦上偵察機「彩雲」などの部品工場、調整工場、全体組立工場などだった。朝は六時に起きて宮城遙拝をさせられ、集団で本工場に行き、残業で夜の一〇時頃まで働かされることもあった。はじめは作業の要領がわからず、まごまごすることが多く、見回りの海軍整備兵に棒で殴られた。また、整備工場では「腹が減った」と抗議したのに、仲間も連呼してパイス台を叩いた。組長がその一人を殴ったところ、逆に殴り返されて騒ぎになり、三〇人全員が棒で尻を何度も殴られた後、労働が厳しい炭鉱に送られた。

四五年七月二四日の半田空襲で、半田製作所に連行されていた朝鮮人四八人が死亡した。空襲で死亡した半田製作所の従業員二七二人のうち、四〇％以上が朝鮮人だった。

朝鮮人には防空壕がなかったうえに、日本語がわからないので避難命令が伝わらなかったと見られる。死体の多くは四散し、松の木に引っかかったり、着物は爆風で死体から剝ぎ取られていたという。この日の夕方、近くを通った動員学徒は、「松の木はほとんどひっくり返り、死体を俵に詰めるなどの収容作業が行われていた。『助けてくれ』の声が聞こえ、その時『どうせだめだから、放っておけ』『みんな朝鮮人だ』との会話を聞いた」（同）という。死体は近くで野焼きにし、遺骨は光照寺に預けた後、四八年九月に集団帰国した同郷の人が持ち帰った。

朝鮮人犠牲者は、このほかに「半田市誌」には病死者二〇人と書かれている。また、戦争末期に半田製作所は地下工場を計画し、幅八メートル、高さ三メートルの横穴を九本も掘ったが、この時に落盤で何人かの朝鮮人が死傷したというが、それを裏付ける資料はない。

空襲で生命を奪われた四八人の朝鮮人は、中島飛行機の後身会社輸送機工業株式会社が、半田市の市営墓地に建てた「精霊之碑」に、日本人犠牲者と共に合祀されている。また、雁宿公園に建っている「平和記念碑」の袖垣に、朝鮮人四八人の名前も刻まれている。しかし、「氏名不詳」とか「〇〇の子三人」というのもあり、調査が十分でなかったことを知らせているが、その後に調べ直されることはなかった。

三井造船玉野《たまの》造船所　岡山県玉野市

暴行、拘束、病気、ケガで多くの死者

現在の三井造船玉野造船所

協和寮跡に宇野中学校が建っている

岡山県南部の宇野港（現玉野市）は、明治中期までは塩田地帯だった。その後築港が始まり、一九一〇年に宇野線が開通すると同時に高松との間に宇高連絡船が通ると、交通上の要点となった。さらに西部、三井造船玉野造船所が造られ、アジア・太平洋戦争に突入するとともに繁多を極めていった。そして三井造船玉野造船所は、岡山県内最大の朝鮮人連行者となるのだが、「玉野市の三井造船には朝鮮人労働者、約一五〇〇人」（『岡山県史』第一二巻近代Ⅲ）が連行されたというが、実際にはその倍も来ている。

玉野造船所への朝鮮人連行者の第一次一五〇〇人は一九四四年九月一七日に、第二次二〇〇〇人は一〇月二八日に、三井造船所グラウンドでそれぞれ入所式が行われた。「生産増強に頼もしい援軍が来たものと期待する」と、会社側では迎え、朝鮮人代表は「大和一致奮励努力し、以て応徴戦士の本文を全うせん」と応えている。会社側で書いた「宣誓文」を読まされたのだ。

玉野造船所に連行された三五〇〇人の「七割が地理的に朝鮮民主主義人民共和国（北朝鮮）に属している。咸鏡北道・咸鏡南道・江原道の出身者は、当時『田舎』であり、普通学校（小学校）もまともに出たかどうかの出身者も多くいたと思われ、日本語を話し、理解する者は一〇数パーセント程度しかいなかったと推定」（『総動員の時代』）されるという。

朝鮮人たちの宿舎は、玉野市築港に岡山県の労務挺身隊が三カ月の突貫工事で建てた協和寮であった。木造二階建ての倉庫のような建物で、敷地の周りは竹垣が組まれていた。寮の入口に警備室があり、朝鮮人が歩哨に立たされた。

朝鮮人たちの日常を定めた「日程表」が残されている。五時起床、五時五分点呼、五時一五分作業、五時三〇分朝食、五時五〇分集合、六時出発、七時三〇分勤務、一八時勤務終了、一八時一五分帰退、一九時二〇分点呼、一九時三〇分夕食、一九時四〇分入浴、二一時点呼、二二時消灯。一年間を通しての日程なのか不明だが、冬期間もこの日程だったら厳しい。また、夕食の時間が一〇分というのも短く、いったい何を食べていたのだろうか。食事は「杉の木箱に薩摩芋が中心を占め、米は数えるほどで、海草の塩汁にたくわん数切れだけだった。これは、一年中同じだった」(金龍玉)というから、食べ終わるのに一〇分もいらなかったのだろう。とても重労働ができるような食事ではない。毎日のように空腹に苦しんでいたことだろう。

当時、玉野造船所では戦時標準船や潜水艦などを造っていたので、朝鮮人たちはリベット打ち、溶接、運転などの仕事をした。しかし、一九四四年の暮れになって米空軍の本土空襲がはじまり、各地の造船所が襲われはじめた。

玉野造船所も危なくなったので、機械を疎開させるために地下軍事工場の掘削作業が始まり、若い人たちがその作業に回された。とくに大きな地下軍事工場は二カ所に掘削されたが、落盤事故が起きている。死者や怪我人が出ているというが、詳しいことはわかっていない。

また、朝鮮人に対する暴行や拘束もたびたび起きている。朝鮮人の中で「病気や怪我で働きに出られず、宿舎に残っている人たちの食事はさらにひどいものでした。屑米にとうもろこしが混ざったボロボロご飯少量に、海水を煮立てただけの汁に、乾燥野菜の葉っぱを浮かせたものでした。痩せた青白い顔。背を曲げ、前屈みで歩いていました。この人たちは調理場の裏側に置いてある、上官や食堂従業員の食べ残しを入れた四斗樽を狙っていました。腰板に沿って這うように近づいて、手づかみに大急ぎで一口二口。それを待ち受けて飛び出し、袖首を掴み、頭といわず、顔といわず自分の履いている高下駄を持っての乱打。流れる血。何の弁解も反抗もせず、すみません、すみませんと詫びる半島青年の姿」(「戦争中に生きた女教師たち」)が記録されている。

正月に一人当たり一合の酒が特配になったのをまとめて受け取った朝鮮人副官が、一人当たり六勺ぐらいよりないと抗議して一合にさせた。のちにその副官は宇野港の水上警察署に連行され、「おまえは朝鮮の独立を考えているのか」と特高から四〇日にわたって暴行を受けている。また、作業中に頭上から鉄板が落ちて、頭が粉々になって死亡した人もいる。作業中に車から落ちて交通事故で亡くなった人や、船から落ちて死亡した人もいるが、名前はわかっていない。

日本の敗戦までに玉野造船所で死亡した朝鮮人は一六人で、江原道出身九人、咸鏡南道出身七人となっている。この人たちは、玉野市の西火葬場で一三人、大谷火葬場で三人が火葬された。遺骨は帰国した中隊名になっているが、遺族の手に渡ったかどうかはわかっていない。敗戦後六〇年がすぎても、日本の政府や企業は、犠牲者の遺骨調査をしようともしていない。

長《なが》生《お》炭坑 山口県宇部市

炭坑事故最大の死者　今も海底に放置

海面に立っている２本のピーヤの下に、死者たちが埋まったままだ

1987年に碑が建った。「安らかに眠れ」と刻まれているが、死後も放置された朝鮮人が安らかに眠れるだろうか

長生炭鉱跡（山口県宇部市西岐波）に行ったのは晩秋だった。周防灘に面した長生海岸は暖かく、砂地にハマエンドウが紫の花を咲かせていた。沖に二つの筒が立っているのが見える。海底坑道の空気を出し入れしたピーヤで、その底に犠牲になった多くの坑夫たちの屍が埋まってるのだ。供える花束を投げたが、ピーヤには届かなかった。

当鉱区の一部は早くから採掘していたが、一九一九年に新浦炭坑として創業した。その後は順調に経営が続けられたが、一九二一年に坑口から海水が侵入して坑道を呑み込み、女性三人を含む三三人の坑夫の命が奪われた。そのため新浦炭坑は自然消滅の形をとり、長生炭鉱に吸収された。

長生炭鉱の海底炭層は、海岸線に沿った浅い地層にあるので、浅い地層で採掘をしていた。「坑道を下っていくと、すぐ頭の上が海なので恐ろしい気がしたそうだ。作業を止めて弁当を食べていると、頭上をポンポンと焼玉エンジンの漁船が通る音がするし、スクリューの水を掻く音さえはっきり聞こえるので、いつ天井が抜けるかと、そればかり恐ろしかった」（『朝鮮人強制連行調査の記録・中国編』）という。坑道が浅いので海水が侵入する事故が多発し、日本人坑夫から恐れられ、募集してもあまり寄りつかなかった。そのため、この事情を知らない朝鮮人坑夫が多く集められた。「集団渡航鮮人有付記録」（長生炭鉱鉱務課の記録）には、一九四〇年に朝鮮から連行された四五三人をはじめ、一九四二年の水没事故までに一二五八人が連行された。社宅内では朝鮮語で通ると言われ、ほかからは「朝鮮炭鉱」と呼ばれるほど朝鮮人が多かった。

だが、朝鮮人連行者が置かれた環境は厳しく、関釜連絡船を降りると、目つきの悪い男たちが見張っており、目玉を動かしても叩かれそうな雰囲気だった。飯場はバラック建てで、炭鉱の外側全体が厚い木の板で囲まれていた。炭鉱への出入りは一カ所にあり、古参の朝鮮人が門番をしていた。近くの事務所には、憲兵が一〜二人常時駐在して目を光らせていた。朝鮮人は職場の坑内と飯場の間の往復だけが許され、外に出て買い物をすることも、社宅に人を訪ねることもできなかった。飯場と外との連絡は、賄いの朝鮮人の女性や、朝鮮餅を売りに来る女性たちに頼んでいた。飯場は「海岸近くにイ、ロ、ハの三棟があり、強制連行朝鮮人は逃げられないように、木の格子がはめられた飯場に収容されていました。私がそばを通った時、彼らは、格子の隙間から手を伸ばし、何かを必死に訴えかけるのですが、私はその時は朝鮮語が理解できず、何もしてあげられませんでした」（金春粉）と言っている。

食事は米の飯が食べられたものの、おかずは大根や白菜を四等樽に塩漬けしたもので、一週間に一回鰯が二尾ついた。仕事で帰りが遅くなった時はおかずがなくなり、樽の大根を手づかみして丸かじりした。ただ、重労働なのに量が少ないためいつも空腹だった。稼いだ金は戦時国債を買わされたり、強制貯金をさせられたりして手元に金がなく、売りにくる朝鮮餅を買えないこともあった。

作業は船から石炭や物資の積み出し、荷下ろし、ボタで海岸を埋め立てる坑外労働と、採炭、掘進などの坑内労働に分かれていた。坑内労働の時は、作業用のツルハシや掻き板、えぶなどを持って坑道を下っていった。水没事故など、危険を伴う坑内作業は、ほとんど朝鮮人がやらされた。労働時間は掘進夫が三交替で八時間。そのほかは二交替で一二時間となっていたがあまり守られず、長くなることが多かった。

苛酷な長時間労働と食糧不足に耐えられず、逃走する人がよく出たが、ほとんど捕らえられた。「夏のある日、二人の独身の飯場の者が逃げ出すところを捕まって、棒で叩かれているところを目撃した。彼らは殺されると叫んだ。また、別の日には、事務所に連れて行かれて、入口に鍵をかけて三人の労務の者が棒で叩いた。私は、一八歳の頃だったので、怖くてその場を去り、逃げ帰った」（姜福徳）という証言がある。

そして、一九四二年二月三日未明、アジア・太平洋戦争下の炭鉱事故では最大の死者を出した大惨事が起きた。抗口から約一〇一〇メートルの地点で出水した。沖のピーヤ周辺一帯は浸水で、坑道の空気が真っ白い小山のように噴き上げ、大きな渦がグルグルと巻くのが三日位も続いたという。抗口では事故の知らせで駆けつけた朝鮮人の女房たちが、「哀号」と泣き叫ぶ声が三～四日も続いた。特高や憲兵も出動したが収拾がつかず、炭鉱の経営者は、地元西光寺の住職に依頼して死者全員の位牌を一夜で作り、選炭場で葬儀を行った。この時の死者一八三人のうち、一三三～一三五人が朝鮮人、あとが日本人だった。この水没事故の後、長生炭鉱は、犠牲者を海底から引き揚げないまま廃坑にし、二抗、三抗を開いて石炭採掘を続けた。

事故の後、日本人遺族には一人一万円以上と手厚く弔慰金を出したが、朝鮮人は世帯持ちは弔慰金五円、生活費一〇円で社宅から追い出された。多くの独身者には弔慰金どころか、戦時国債や強制貯金も支払われなかった。

海に突き出た二本のピーヤから、時折、靄が立つことがあるという。死者たちの叫びではないかと、地元では言っている。

沖《おき》ノ《の》山《やま》炭鉱　山口県宇部市

危険な作業に実働一二時間、特高が監視

宇部興産宇部本社の屋上から見える沖ノ山炭鉱の跡

沖ノ山電車竪坑石垣の跡

山口県宇部市にある宇部興産の傘下にあった沖ノ山炭鉱と東見初炭鉱（一九四四年に沖ノ山炭鉱に合併）は、早くから開発された炭鉱だった。いまからおよそ三〇〇年前に見つかったが、そのころは地元の人たちが石炭を薪のかわりに使っていた。時代が下って大量に発掘されると、下関・秋穂・防府などの塩を作る所に運ばれたので、石炭は資源として重要になった。

しかし、明治末期になって沖ノ山炭鉱や東見初炭鉱で近代技術による本格的な採掘をはじめると、宇部市では労働者不足が深刻になった。また、日本が朝鮮の植民地化を進める過程で、土地や仕事を失った多くの朝鮮人が職を求めて日本にやってきた。

朝鮮半島と連絡船が往復していた下関市には、朝鮮人が海を越えてやってきた。その下関市と古くから石炭でつながっていた沖ノ山炭鉱や東見初炭鉱が、朝鮮人たちの働き場となった。労働力が不足していた宇部市の炭鉱にとっては助け船であり、年ごとに朝鮮人労働者に依存を強めていった。一九二六年には四〇〇〇人の朝鮮人が宇部市にいたが、その六〇％が炭鉱で働いた。一九二八年になると、一二〇〇〇人と朝鮮人は多くなった。

だが、朝鮮人の労働力を必要としながらも、劣悪な環境の中に置いていた。宿舎を見ると、バラック建ての大部屋に一八〇人の大勢を詰め込んだ。炭鉱全体が木の板囲いの中にあったが、さらに宿舎は人の背丈の三倍もある板塀で囲んでいた。板塀の四隅には見張り所があり、同じ朝鮮人の監視人が見張っていた。仕事に行く以外は、板塀の外に出ることが禁止されていた。宿舎内の他の宿舎に行くことも自由にはできなかった。夜は一晩中巡回が回っていた。

宿舎と外との連絡は賄いの朝鮮人の女性や、朝鮮餅を売りにくる女性に頼んでいた。炭鉱の事務所には憲兵が一〜二人常時駐在して、朝鮮人たちを監視していた。

朝鮮人たちの仕事はほとんどが坑内労働で、体の弱っている少数の人だけが坑外で働いた。労働時間は厳しく、掘進夫＝三交替の八時間労働、その他＝二交替の一二時間労働となっていた。だが、実際は朝五時に坑内へ入り、出てくると夜の七時とか八時という状態だった。実働が一二時間で、入坑してから作業現場までの往復時間とか、作業準備の時間、休憩時間は入っておらず、昼の弁当も立ったまま食べていた。これほど朝鮮人たちを働かせても、炭鉱では労働力が不足していた。

一九三七年に日中戦争が始まって石炭の需要が高まり、沖ノ山炭鉱・東見初炭鉱にも石炭増産が求められた。労働力の不足がいよいよ深刻となり、「山口県下で最初に結成された徳山市の『勤労報告隊』が東見初炭鉱に入坑」したり、女子挺身隊が「沖ノ山鉱業所に三〇人が入坑」（「宇部市史・通史篇・下」）している。婦人の坑内労働を禁じてからわずか六年で廃止にしている。

こうした状況の中で、その不足を補う労働力としてさらに朝鮮人連行者を必要とした炭鉱では、募集にいっそう力を入れた。その結果、県警察部の調査によると、一九四四年一一月時点で沖ノ山炭鉱一二六三人、東見初炭鉱一二八三人の朝鮮人が働いている。大幅な増加である。しかも、朝鮮人の強制労働は一段と厳しくなり、逃走なども多発した。だが、逃走に失敗して捕まると、半殺しにされた。

「事務所の中で折檻されて『哀号ー哀号ー』と、悲鳴を上げるのを聞いたことがある。また、折檻役は同じ朝鮮人の労務係が当たっていた」（山口武信）という。

しかも朝鮮人連行者は、炭鉱側の理不尽な処遇や、日本人の暴力にときどき集団で抵抗した。東見初炭鉱では「戦時下の『石炭緊急増産対策』を遂行する中で、朝鮮人労働者との間に、しばしば紛争を発生させていた。とくに四月一四日には忠清南道出身者五四人が、『隊長』の無断欠勤者殴打事件をきっかけに、炭鉱事務所に『殺到』した争議や、さらに七月一二日は『班長』以下、稼働朝鮮人二九九人の全員が『募集条件に違背あり』と訴えて、炭鉱側の説得を拒んで『怠業』した争議は宇部警察署の知るところとなり、その概要が『特高月報』に掲載されている。これによると、東見初炭鉱は四月の事件の場合、宇部警察署の特高主任以下の『慰撫鎮圧』で『円満解決』し、七月の事件の場合は、班長以下の二〇人を『本籍地に送還』して解決している」。

また、「宇部興産沖ノ山鉱業所や沖宇部炭鉱でも、同年八月一二日と九月一日に日本人労務係の暴言や暴行に対して、朝鮮人労働者が反抗する事件が起こって、緊張関係が続いていた」(同上)。

一九四四年一一月時点で沖ノ山炭鉱一二六三人、東見初炭鉱一二八三人の計二五四六人の朝鮮人連行者が危険な坑内労働をしたのに、ケガや病人、死亡者などが出たという資料は残されていない。宇部興産に問い合わせても、「当時の資料はありません」と言うだけだ。ただ、一九六四年に鄭晋和が調査しているが、宇部市地域の朝鮮人の「死亡者二六〇余名、遺骨一〇〇体以上を確かめたが、これらは一部でしかない。推計すれば一〇〇〇名の死亡者があると思われる」(『朝鮮人強制連行の記録』)とあるものの、詳しくはわからない。いまからでも遅くない。真相を掘り起こさなければならない。

住友鉱業別子《べっし》鉱業所 愛媛県新居浜市

転落や転倒、発破で一年余に五一人が死亡

第三通洞跡は柵で固められ、入ることはできない

東平貯鉱庫跡は今では観光地になっている

アジア・太平洋戦争の時は、井華鉱業（住友鉱業）別子鉱業所（愛媛県新居郡角野町立山川・現新居浜市）は、日本でも最大規模の銅生産を誇っていた。発見されたのは元禄と古く、泉屋とその後身である住友の手で開発されたが、ここで産出した銅は江戸時代は長崎出島の貿易の決済に使われた。また、明治以降は、日本の侵略戦争を支えてきた。一九四三年に軍需会社法の適用を受け、銅の増産に励んだ。だが、労働力は慢性的に不足し、勤労報国隊員、学徒動員、女子挺身隊員などを次々と入れたがそれでも足りず、朝鮮人連行者を働かせることになった。

米軍が日本占領時代に集めて持ち帰り、マイクロフィルムにして日本に帰ってきた資料「移入朝鮮人労務者状況調」（中央協和会）には、一九四二年六月末までに井華鉱業別子鉱業所に七〇〇人、別子鉱業所筏津作業所（旧別子山村）に一三三六人来たことが記されている。別子鉱業所には、北海道の住友鴻之舞鉱山から多くの朝鮮人が移送されている。

第一陣の二九二人は一九四一年一二月に真冬の北海道の鴻之舞鉱山に着き、さっそく鉱山で働いたが、四日目には怪我人が出た。その後ははじめての外国での生活と、坑内の暗闇で働くのに慣れてないことにもよるが、体や体の一部を機械の間に挟まれる、機械と壁の間に、または機械と鉱車の間に挟まれる、落石や落下物に当たる、転落や軽倒、鉱車の脱線。発破の事故などで、怪我や死亡が多発した。別子鉱業所へ移動するまでの一年三カ月の間に五一人が死亡している。第二陣の三九一人は一九四二年八月に鴻之舞鉱山に着いたが、八カ月の間に何が起きたかは詳しい資料が見つからない。

一九四三年四月一日に日本政府は、金の増産を中止して、軍需物資の増産に政策を転換した。

鴻之舞鉱山はこの「金山整備令」で、「休山保坑鉱山」となった。坑夫は日本人も朝鮮人も全国の住友系の鉱山に配転されることになり、資材と共に送られた。朝鮮人は二四四人と家族四六人の計二九〇人が二班に分かれ、鴻之舞鉱山を後にした。四月一五日前後に、朝鮮人は別子鉱業所に到着した。

朝鮮人は、別子鉱業所の採鉱本部がある、海抜約八〇〇メートルの東平に入った。数カ月後に所帯持ちでない人たちが、立川に下りた。眼鏡橋のたもとに協和寮が五棟建っており、一区画が六畳で、そこに五、六人ずつ入った。朝鮮人が協和寮に来て働いた頃に学徒動員に駆り出され、一緒に働いたことのある守谷勇窊の証言がある。

「戦時中別子銅山で働いていた朝鮮人は、立川の寮に住んでいて、日本人はその人たちのことを『半島人』と呼んでいた。朝鮮人は二〇〇人くらいおり、二〇歳前後の若い人ばかりだった。彼らは、銅山のあらゆる仕事に就いており、棒心（班長のこと）と呼ばれる日本人労働者の下で三交代で働いていた。支柱組などの難しい仕事は棒心と日本人がしていた。朝鮮人はいつも腹をすかしていて、シラミをカンテラで焙って食べていた。夜、寮を抜け出して、野菜を盗んで食べているという噂もあった。着ている服はボロボロで、それを繕うのにダイナマイトの導火線の糸を使う。そんなことをするとダイナマイトの着火時間が狂ってしまい、危険なので朝鮮人には導火線を持たすなと言われていた」（「住友別子銅山で朴順童が死んだ」）

その当時、働き盛りの日本人は兵隊にとられ、定年前の年寄りとか、兵隊不合格の体の小さい人などが多く、坑内作業の主力は、朝鮮人、米国人、オーストラリア人、中国人だった。朝、坑口のある端出場までは、朝鮮人と日本人が二人一組になって引率した。協和寮から坑口までは近く、引率が必要な距離ではない。逃亡を防ぐためである。鉱業所が作成した「半島労務者逃亡防止対策」に、「協和寮ヨリ引率出稼シ坑口ニ於テ採鉱係ニ引キ継」ぎ、帰りは、逆の経路で引率すると「相当逃亡ヲ防止シ得ト思料ス」とあり、かなり神経を使ったらしい。鴻之舞鉱山では多くの逃亡者が出たが、別子鉱業所の逃亡者数はわかっていない。

ただ、朝鮮人が言うことを聞かない時は、「よく叩いていました。叩くのは、消防とか事務員とかの日本人職員です。酷いこともしとりました。夏などは、上着を着てないでしょ。パンツ一つでおる。それを紐みたいなもので叩いとりましたが、痕ができておりました」(同上)と、協和寮の炊事婦は語っている。

食事は孟宗竹を輪切りにした食器に、麦六米四の割合の飯一杯と、菜っ葉に大根が具の汁が一杯の盛りきりなので、どの人も空腹だった。しかも、鉱山では増産につぐ増産で、残業が続いた。仕事が辛いと協和寮のトイレで首を吊った人もいたが、そのほかは、怪我人も死者の数もわかっていない。

二三六人の朝鮮人が働いた筏津作業所の実態もわかっていない。ただ、日本の敗戦から四六年目の一九九一年に旧別子山村の雑木林で、朝鮮人三人の墓が見つかっている。また、『新居浜市史』『別子山村史』『住友別子鉱山史』(上・下)などの分厚い本が出版されているが、朝鮮人連行者のことは何も書かれていない。歴史から朝鮮人強制連行の事実を抹殺しているのである。

三菱鉱業崎戸《さきと》鉱業所 長崎県西海市

廃墟と化した鉱山、痕跡留めぬ跡地

無人となっている炭住跡

炭坑跡の煙突がつき立っている

長崎県の西彼杵半島の外海の道を車で走ったのは、二〇〇七年の三月中旬だった。春の晴れた日の角力灘は碧く光っていた。点在する小島の間で、漁をしている舟がかすんで見え、海の香を運んでくる風もやわらかい。

だが、沖に浮かぶ島は、石炭産業が盛んだったころ「一に高島、二に端島、三に崎戸の鬼ヶ島」と坑夫に恐れられ、また、強制連行された多数の朝鮮人や中国人が労働したところだった。「西彼杵郡の島しょ部（主として炭坑のある島）に居住し、徴用および強制労働に従事させられていた朝鮮人の数は、伊王島一千人、香焼島五千五百人、高島三千五百人、端島五百人、崎戸町蛎浦島七千人、野母半島（現在の三和町付近）二百人、合計一万七千七百人」（「原爆と朝鮮人」）というから、膨大な数に驚かされる。わずか六〇数年前に、これほど多くの朝鮮人たちが厳しい労働と飢えに泣き、凶悪で苛酷な監督の仕打ちに明け暮れていたのだ。車の窓から見える穏やかな島からは、想像ができない暗い歴史だ。

高島、端島と歩き、この日は旧崎戸町の三菱鉱業崎戸鉱業所の跡地に行くことにしていた。かつては離島だったが、いまは橋で島とつながり、西海市崎戸になっていた。しかし、大島から橋を渡って崎戸に着いた途端、島のあちこちに崎戸鉱業の煙突、無人になっている炭住の跡、固く閉ざされた坑口などが見えた。廃墟と化した鉱山の跡が島全体を覆っていた。ガラスが割れた炭住の窓の奥は真っ黒な闇で、その闇が鋭く見つめているようであった。

崎戸鉱業所の沿革を簡単にたどると、一八八八年に崎戸島の属島芋島沖の海中でアワビ取りのもぐりが、黒色の燃える石を採集し、約三トンほど保存していた。一九〇六年頃にロシアの船が阿戻下沖に避難し仮泊した。そこに石を持参し、品質の鑑定を頼んだところ、上質の石炭とわかった。その後、島の各所で試錐され、のちに九州炭坑汽船株式会社崎戸鉱業所が創立され、開削に着手した。

崎戸炭坑は、海底炭坑としては傾斜もゆるく、ガスの発生も少ないので、順調に出炭をのばした。一九三五年には石炭輸出港の認可も受けたほか、三菱鉱業に吸収合併された。

日中戦争の長期化で石炭の需要が高まり、年間の出炭量が一〇〇万トンを突破した。しかし、アジア・太平洋戦争が始まると、機械や資材の調達は難しくなり、出炭量が伸びるほど多くの炭鉱労働者を必要とした。

だが、戦争が激化すると日本人は出征していき、その不足分を強制連行した朝鮮人を使った。一九四三年には「崎戸炭坑の最大出炭量になった。この年、炭鉱労働者は七〇七九人、うち坑内夫は五一三四人であり、その約三分の一（一七〇〇人）は、強制連行を含む、朝鮮人労働者であった」という記録がある。坑内夫の約三分の一が朝鮮人強制連行者だったのだ。

旧崎戸町の資料を集めている図書館、崎戸歴史民俗資料館、西海市産業振興課などに行ったが、朝鮮人、中国人強制連行の資料はない。戦争中の鉱山を知る人も、わからないという。「三菱鉱業社史」や「崎戸町の歴史」にもほとんど触れられていない。約七〇〇〇人の朝鮮人たちは、記録に残されることもなく消えていた。それでも鉱山の廃墟を歩いているうちに、一人の老人と会った。戦時中に鉱山で働いていたという。八〇歳は過ぎているようだ。

「朝鮮人は大正時代に、もう鉱山に来ていたそうだ。釜山に斡旋所があり、相浦を経由して連れてきたと聞いている。坑内では、朝鮮人の仕事は後山だけで、先山にはいなかった。ツルハシで五、六人、一山を受け持って石炭を掘っていたが、どんな生活だったかはよくわからない。よく集まって酒を飲んでいたが、トラジの唄やアリランの唄を唄っていた。ひどく物悲しく、泣いているようにも聞こえた。あとは忘れた」と言って背を向けた。

崎戸鉱山は、比較的事故は少ないと言われたようだが、ガス爆発事故はよく起きている。「一九三三年六月三日、ガス爆発、局部扇風機停止し、オーガーの火花が引火、死者三六名（うち朝鮮人九）、重軽傷者二八名、死亡者朝鮮人―朴奉硯、李相吉、金李命、鄭相哲、朴日哲、李昌準、朴八景、金昌守、金松末」（「鉱山保安年表」一九四九年度版）とあるが、それ以上のことはわからない。また、妻が入院して生活に困った朝鮮人坑夫が、二女を殺して逃げたという記事が長崎新聞に載っているが、生活がまったく保障されていなかったことがよくわかる。

地元の人の案内で、旧崎戸町本郷にある大祇神社に行った。鳥居の柱に「浅浦坑鮮人一同」と刻まれている。戦時中に朝鮮人が労賃から拠出し、鳥居を寄進したのだという。

「民族意識の高い朝鮮人が、自分たちを鮮人というわけがない。戦意を高めるために、朝鮮人を利用したのだろう」と言ったが、案内した人は納得できないような顔をしていた。こういうのがいまも残り、住民は信じているのだ。

蛎浦郷の真蓮寺には、三一人の朝鮮人遺骨名簿が保管されていると聞き尋ねたが、住職が不在で、見せてもらえなかった。崎戸鉱業所の朝鮮人連行者は民間の調査もなく、闇の中に葬り去られようとしている。

高島鉱業所端島《はしま》坑 長崎県長崎市

海の下の炭鉱、酸欠、落盤、逃亡しても水死

人の影もなく不気味に見える端島(軍艦島)

長崎港の沖合に浮かぶ島々の中でも、端島（長崎市高島町）は、周囲わずか一・二キロメートルと小さい。島全体を高さ一〇メートルほどのコンクリートの防波堤が囲み、所狭しと高低のビルが林立している。外から見ると軍艦「土佐」に似ているため、「軍艦島」とも呼ばれてきた。

この端島では石炭が掘られ、最盛期の一九四五年には五三〇〇人の人口が居たというが、閉山になってからは次々と人が去り、いまは無人の島になっている。二〇〇七年の春、上陸が禁止になっているので、長崎港から端島を一周する船に乗った。廃墟となった建物の中で、朝鮮人や中国人連行者、そして日本人坑夫たちが重労働をさせられ、虐待され、虐殺された人たちの声を聞きたいと思ったが、波頭が高くなって船が揺れ、鋭い風の音が胸に刺さった。

端島で石炭が見つかったのは、一八一〇年頃に近隣の漁民が発見したと伝わっている。その後、佐賀藩深堀領主鍋島氏が一八八三年に採掘を始めたが、この端島を一八九〇年に三菱鉱業が、金一〇万円で買収した。三菱鉱業は深層部開発に着手し、当時としては驚異的な深さ一九九メートルの竪坑の掘削に成功した。その後も次々と掘り下げ工事が進められたが、「やがて大正、昭和と日本の近代化につれて、増大する石炭需要に応じるため、端島炭坑は、近代的採炭機械を導入して、増産に努めたのである」（『原爆と朝鮮人』）。

採掘事業の拡大とともに、端島の人口も急速に増加した。明治年間に二八〇〇人になり、その後も人口はどんどん増えた。日本人だけでは不足となり、大正時代に端島には朝鮮人が来ているが、「一九五六年の台風災害で会社事務所の一部が流出し、書類は全く残置していない」と、三菱鉱業は述べるだけだ。民間の調査では朝鮮人連行者は約五〇〇人と推定しているが、一九三九年に朝鮮人強制連行が始まってから多くなっているという。朝鮮人は日本人坑夫や中国人連行者とは、かなり離れた場所に入れられた。一四歳で端島に連行された徐正雨の証言では、「私たち朝鮮人は、二階建てと四階建ての建物に入れられた。一人一畳にも充たない狭い部屋に七、八人が一緒」で、「私たちは唐米袋のような服を与えられ、到着の翌日から働かされた」という。端島には一本の道しかなく、その道の脇に高い防波堤があるものの、「戦時中の炭鉱の厳しさは、軍隊なんか問題にならん。泳いで逃げようとして、溺れ死ぬ人が年に四、五人はいた。運良く水死を免れても、寮長から半殺しの目にあわされることを覚悟しなければならなかった」というから、生きるも地獄、死ぬも地獄の日々だった。「海の下が炭坑で、エレベーターで立坑を地中深く降り、下は石岩がどんどん運ばれて広いが、掘削場となると、うつ伏せで掘るしかない狭さで、暑くて、苦しくて、疲労のあまり眠くなり、ガスも溜まる。一方では、落盤の危険もあるし、このままでは、とても生きて帰れないと思った」そうだ。

仕事は一日二交代の重労働で、いつも労務係の厳しい目が光っていた。食事は豆カスが八〇%、玄米二〇%の飯と、イワシを煮て潰したのがおかずだった。何か祝い事のある日は、自給用の牛やヤギを潰したが、朝鮮人には頭や骨しか回ってこなかった。疲労や下痢で、体が衰弱して仕事を休むと、監督が来て労務事務所に連れて行かれ、リンチを受けた。ムリだとはわかっていても、「はい、働きに出ます」と言うまで殴られた。日本人坑夫の住んでいるところから離れているとはいっても、狭い島のことである。リンチを受けている朝鮮人の叫ぶとも、泣くともつかぬ悲しい声が、いまも耳に残っているという。その日本人は一度だけ声のする方に行くと、朝鮮人の若い男が手を縛られたまま労務事務所の前に正座させられ、膝の上に大きな石を乗せたまま、「三人の労務係が交代で軍用の皮バンドで殴っていた。意識を失うと、海水を頭から浴びせて、地下室に押し込め、翌日から働かせたらしい。一日に三人はこうしたリンチを受けていたという。屋外でやったのは、見せしめのつもりだろうが、とても口では話せないひどいリンチだった」と言っている。

四五年八月九日、端島で働かされた人々は長崎に落とされた原爆の閃光と、キノコ雲を海上の彼方から直視し、八月一五日に日本は敗戦となった。だが、朝鮮人にはもちろんのこと、日本人坑夫にも知らせず、その夜に隣の高島から社船が来ると、朝鮮人と中国人担当の係員を避難させた。そのことから敗戦に気づき、端島の朝鮮人と中国人は大騒ぎになった。

大正時代からの朝鮮人は、敗戦の時で約五〇〇人と推定されているが、死者たちのことはわかっていない。端島の死者は、隣の中の島で火葬し、遺骨は高島に持っていったという。端島には、会社で作った出水福寺という寺があり、一九二九年から閉山までの四五年間も住職をした人は、「朝鮮人のことで覚えていることはありません」と証言している。

いま、立ち入り禁止の無人になっている端島で八三年間も石炭を掘ったのは、三菱鉱業高島鉱業所端島坑である。

読谷村《よみたん》ほか 沖縄県

全島要塞化に朝鮮人軍夫を動員

朝鮮人軍夫が掘った「特攻艇秘匿洞窟」(読谷村)

朝鮮人軍夫を追悼する「恨之碑」

一九四四年以前の沖縄は、「国内でもめずらしいぐらい戦争とは無縁の島々でした。戦備らしいものは何一つなく、郷土部隊をもたない唯一の県」（『読谷村史・五』）だった。しかし、ミッドウェー海戦の大敗後、日本軍の戦力は低下し、南洋群島は相次いで連合国軍の手に落ち、日本本土攻略へ向けて侵攻をはじめた。沖縄に攻めてくることが確実になったので日本軍部は、沖縄に南西諸島守備軍（第三二軍）を創設したが、実戦部隊が来たのはサイパン島が落ちる直前の六月だった。しかし、「第三二軍の任務は、沖縄を本土として守り抜くことではなく、出血消耗によってアメリカ軍を沖縄に釘付けにし、防波堤となることでした。これによって本土決戦を準備し、沖縄は時間稼ぎの持久戦の場」（『沖縄戦のはなし』）とし、天皇制を守り抜こうとしたのだ。

守備軍は沖縄で米軍と戦うため、飛行場建設や、陣地構築の作業を強行した。だが、地上戦が始まる前から沖縄の海や空は連合国軍に押さえられ、武器弾薬や食糧の補給はできない状態になっていた。守備軍の兵力では不足なので、徴用の名で働くことができる男女を動員したほか、食糧や資材などを供出させた。それでも労働力が不足して沖縄の要塞化が進まないので守備軍は、朝鮮から「軍夫」として沖縄に強制連行をしてきた。荷積作業に従事した人は「水勤隊」（特設水上勤務中隊）と呼ばれたが、実数はいまだに不明で、「一～二万人の軍夫、千人以上の慰安婦」と言われている。国や県は調査をしていないため、統計にもない。

最初に朝鮮人軍夫が沖縄に上陸したのは、一九四四年八月一〇日だったという。上陸したものの宿舎がなく、那覇港から東町山城屋までの道路脇に野宿させられた。

「那覇港近くの那覇郵便局のあった場所に、球部隊の兵站本部があった。ここに毎朝、朝鮮人軍夫が集結して各地へ派遣され、夕方には同じ場所に帰ってきた」(「沖縄に連行された朝鮮の若者たち」)

この頃の沖縄は、あげて米軍迎撃準備中で、各地の突貫工事現場では、朝鮮人軍夫を必要としていた。とくに飛行場建設と、全島を要塞化する工事が強化された。各地で行われた飛行場設営の中でも、朝鮮人軍夫の犠牲が大きかったのは宮古島だと言われている。本島の八分の一の小さな島に、陸海の二つの飛行場を設営することになり、約一五〇〇人の朝鮮人軍夫が動員された。宮古島には住民六万人、陸海軍三万人がいて工事をしていたが、制空海権を喪失して孤立した島になっていたので、主食や医薬品が底をついていた。しかも、飛行場設営の機材はなく、スコップ、ツルハシ、モッコだけを頼りに三交代で働くため、栄養失調になっていた。とくに、朝鮮人軍夫は日本人の倍近く働かされる上に食料の配給はしなかったので、飢えとマラリアで次々と死へ追いつめられた。

一九四五年三月一日に途絶えて久しい二隻の輸送船が、弾薬や食糧を積載して平良港に入港した。水上勤務隊の朝鮮人軍夫が動員されて、積荷を降ろす作業中に約六〇機の米軍機が来襲し、二隻は爆発炎上した。この時に百数十人が犠牲となり、海岸に漂着した死体を警防団たちが焼いたが、ほとんどが朝鮮人だったという。日本の敗戦後、宮古島から復員した朝鮮人軍夫は四五八人というから、千人を超える人が犠牲になっている。

沖縄本島のやんばる(北部)では、陣地壕用の杭木や、造船材の伐採に朝鮮人軍夫が働いている。羽地国民学校に泊まり、名護山や羽地山から材木を伐り出し、トラックで運んできた。東村川田や大宜味村津波でも、材木の運搬や船に積み込む仕事をしている。日本兵は朝鮮人軍夫に対する「差別意識丸出しで、作業中、棒で殴り、足で蹴るなどの暴行は日常茶飯事であった。ある下士官は、この朝鮮人軍夫七人をスパイ容疑で殺したと、防衛隊員に語っていた」（「哀号・朝鮮人の沖縄戦」）という。

米軍の上陸は、平坦地の中部（嘉手納村）だとする作戦方針が決まり、嘉数高台の陣地構築を急いだ。朝鮮人軍夫が軍用トラックで運ばれてくると、壕に使う材木を伐採し、馬車で運んできた。朝鮮人軍夫は民間人より遅くまで酷使され、仕事が遅い軍夫を壕の前に縛り付け、みなの前で制裁を繰り返した。

食料が少ない上に労働が過酷なのに耐えられず、逃亡者がよく出たという。知らぬ土地で、しかも方向もわからないので、すぐ捕らえられた。手足を太いロープで縛られて中隊本部に引っ張られてくると、柱に縛り付けられた。

そして、無期停食という処罰が下され、数日後に死ぬと、どこかへ運ばれていった。中には山中で食糧を探せず、石を枕に餓死している軍夫もいたという。このように朝鮮人軍夫を差別し、虐殺に手をかした日本兵の記録が、沖縄戦の戦闘記録や体験記などに残されている。

沖縄戦に強制連行された一万から二万人と言われる朝鮮人軍夫は「戦後に生き残ったのは三千人ぐらいでした。その実数は明らかではありません。慰安婦の生き残りは数人しか確認されていませんか」（「沖縄戦と朝鮮人強制連行」）。

沖縄戦で死んだ朝鮮人軍夫や、慰安婦たちの遺骨は、敗戦後六五年のいまも、日本の地下に知られないまま埋っている。

三基の慰霊碑を訪ねて
サハリンでの朝鮮人強制連行

朝鮮人望郷の丘碑（コルサコフ市望郷の丘）

サハリン犠牲死亡同胞慰霊塔（ユジノサハリンスク市ジェルジンスキー通り）

二〇〇九年の九月下旬、ロシアの国立サハリン大学と日本の大学との「サハリン・樺太史研究会〇九年度合同調査団」に加わり、サハリン州（旧樺太）に行って八日間滞在した。

サハリンと北海道の宗谷岬との距離はわずか四〇キロ余りと近く、南北に九〇〇キロと細長い島の面積は北海道に匹敵する。サハリンにはもともと少数民族が住んでいたが、一八世紀になると日本とロシアがそれぞれ勢力を伸ばし、日露戦争の結果、一九〇五年以降は北緯五〇度以南は日本領、以北はロシア領となった。日本領は台湾よりやや広いが、領有後は林業、漁業、炭鉱、パルプ工業などの開発が進められ、本土から多くの日本人労働者が渡り、敗戦時で約三五万〜四〇万人に達した。

また、サハリンでは早い時期から朝鮮人が働いていたが、第二次大戦中には日本人男性の労働力不足を補うため、強制連行された朝鮮人が渡った。敗戦時でその数は約四万三〇〇〇人といわれているが、資料によっては六万人というのもあり、正確な人数はわかっていない。

サハリンでの私の仕事は、戦前にこの島で働いた日本人労働者の資料収集だった。とくに北海道や東北から多く渡った漁業や林業の出稼ぎ者の実態は、これまでほとんど調べられていない。今回はその出稼ぎ者にしぼって資料を集めた。州都ユジノサハリンスク市（旧豊原）の州立郷土博物館や文書館で資料を読み、残留日本人から聞き書きをした。

その一方では、私が日本で強制連行された朝鮮人が働いた現場を歩いてきたなかで、夜中に船でサハリンに運ばれたり、逆にサハリンから本土に転出してきた朝鮮人が多かったのを知っている。そのことも調べたいとサハリンに行ったのだが、短い滞在のなかで二足の草鞋は無理だった。

しかし、サハリンを歩きながら四基の朝鮮人慰霊碑を見ている。とくに一基は、日本で紹介されたことのない碑だった。その碑を紹介する形で、知りえたサハリンの朝鮮人強制連行の実態を報告したい。

■サハリン犠牲死亡同胞慰霊塔

サハリンに強制連行された朝鮮人は、飛行場建設や工場で働いた人もいたが、大半は炭鉱で働いた。朝鮮人は坑内で一日一〇時間から一二時間の労働を強いられたうえ、食事は雑穀や大豆の混じった飯に、身欠きにしんが数切れと貧しかった。重労働と粗食で体を壊しても病欠は認められず、逃亡しても土地がわからないのですぐに捕えられた。飯場に連れ戻されると半殺しになるほどリンチを受け、なかには死ぬ人もいた。

また、戦時中のサハリンの炭鉱は、事故が非常に多かった。「日本政府の資料を見ても、一九三九年から四三年までの五年間で、炭鉱事故による死傷者はなんと約三万二千人（うち死亡者は約五五〇人）に上がっている」（『サハリン棄民』）うえに、「炭鉱事故犠牲者が出るのは、主として朝鮮人労働者の多い炭山であった」（『朝鮮人強制連行・強制労働の記録』）が、朝鮮人犠牲者の正確な人数はわかっていない。

■サハリン韓人二重徴用坑夫被害者追悼碑

サハリンの炭田は全島の約二〇％と広く、炭質は大半が瀝青炭でカロリーが高く、製鉄用コークスとして最適だった。サハリンは一九三一年に石炭移入地から石炭移出地になり、その大半を内地に送った。この石炭増産の原動力になったのが、朝鮮人坑夫だった。

しかし、アジア・太平洋戦争の戦局が悪化してきた一九四四年になると、サハリンから内地向けの石炭積取船の回航がほとんどできなくなった。そのため軍需省は、島内の需要にあてる九炭鉱だけを残し、その他の鉱山は閉山とした。九月になると廃鉱の坑夫たちが身回り品だけを持って「短期間に二万数千人が樺太から移っていった。おもな移転先は三井、日鉄系炭鉱からは田川、三池、夕張に、三菱炭鉱からは高島、崎戸のほか一部は千島方面にもいった」（『樺太終戦史』）という。また、「朝鮮人炭坑労働者もその一部（二万～二万といわれる）は内地に送り返された」（『サハリン棄民』）というが、碑の裏には北海道と九州に移動した朝鮮人は約15万人と考えられると記されている。人数が大きく違うが、移動した朝鮮人の名簿、死亡した人数などの資料は見つかっていない。

■朝鮮人望郷の丘碑

戦前、サハリンに渡った日本人や朝鮮人の多くが上陸したコルサコフ市（旧大泊）の港は、現在は軍港なので許可なしには近寄れない。そのため、港が見渡せる望郷の丘に行くと、そこに建っていたのがこの碑だった。帰国できずに異郷の地で死んだ人たちの魂を鎮めるために、二〇〇七年九月三〇日に建てたと記されているが、それ以外の詳しいことはわからなかった。碑は船の形をしているが、船で故国に帰りたいという思いを表現しているのだろうか。丘からは一九二

サハリン韓人二重徴用坑夫被害者追悼費
(ユジノサハリンスク市ジェルジンスキー通り)

八年に日本がつくったという桟橋が、赤く錆びて見えた。

サハリンにはこの他に、一九四五年八月二〇日から二一日にかけてホルムスク市（旧真岡）から東方約四〇キロにあるチェプラノオ村（旧瑞穂村）で起きた、朝鮮人二七人の惨殺事件がある。村の在郷軍人や青年団員など二二人の日本人が、集団で軍刀、槍、銃などで殺害したもので、このなかには婦人三人、幼児六人が含まれている。この事件を悼む碑が村に建っているというが、今回は行けなかった。

ソ連軍が北緯五〇度を越えて突入して混乱した時に、「樺太の軍や憲兵などの間で朝鮮人大量虐殺の計画が密かに立てられていた。被抑圧者のつもりつもった恨みが爆発することを恐れてのこと」（『置き去り』）で、瑞穂村虐殺事件の他に上敷香警察署虐殺事件があり、二〇人以上が殺害されている。

また、「スミルヌイフ（旧気屯）、ウゴレゴルスク（旧恵須取）などの地方で、朝鮮人が日本憲兵、在郷軍人それに極右分子によって殺害されたという風評を聴いては」（『サハリンからのレポート』）いるが、実証する記録はないという。おそらくサハリン全島を調べると、こうした埋もれている事実はまだあるのであろう。来年（二〇一〇年）九月に行く調査団にも参加する予定なので、さらに詳しい報告をしたい。

あとがき――朝鮮人強制連行・強制労働

一九三七年七月に蘆溝橋で日中両軍が衝突したのを契機にはじまった日中戦争によって、準戦時体制化していった日本の産業は、戦時経済体制に組み込まれていった。このため「国内のすべての人的・物的資源は、もっぱら戦争遂行目的のために動員され、軍需産業、重化学工業はいっそう拡大し、労働力の不足は決定的なものとなった」（『北海道と朝鮮人労働者』）のである。しかも、「政府にとって衝撃的であったのは、産業構造の骨格であり、従来の近代兵器の根幹たる鉄鋼生産の、銑鉄において八五％、鋼材において四〇％（いずれも一九三七年度）を占めていた日本製鉄業の中核、八幡製鉄も侵略戦争拡大に必要な軍隊への召集増大により基幹労働力を奪われ（一九三七年末現在で工員の約一二％が召集）、労働力不足に悩むようになった」（『朝鮮人強制連行・強制労働の記録』）が、他の軍需工場も同じで、労働力不足のために発注を受けた軍需品を消化しきれなくなっていた。

この当時のもっとも重要なエネルギー源である石炭の場合は、とくに深刻であった。北海道や北九州の炭坑地方では鉱夫の四〇％が不足し、軍需省の増産要請に応じられなくなっていた。石

(1)1939年度労務動員計画一般労務者供給目標数内訳

(単位：人)

区　　分	男	女	計
新規小学校卒業者	266,000	201,000	467,000
物資動員関係離職者	70,000	31,000	101,000
農村以外ノ未就業者(手助ヲ含ム)	64,000	23,000	87,000
農村未就業者及農業従事者(同上)	191,000	65,000	256,000
労務ノ節減可能ナル業務ノ従事者	82,000	11,000	93,000
女子無業者	—	50,000	50,000
移住朝鮮人	85,000	—	85,000
計	758,000	381,000	1,139,000

『昭和十四年度労務動員実施計画綱領』。

炭連合会は一九三七年九月に「労働力補充陳情書」を商工大臣あてに提出し、幼年工婦人労働者の入坑禁止の緩和と、朝鮮人労働者の移入などを要望していた。

政府はこうした背景と、戦時に即応して国のすべての「人的及資源ヲ統制運用」するための包括的基本法である「国家総動員法」を、一九三八年四月に公布した。そして翌一九三九年に閣議決定した「労務動員計画」(のちに国民動員計画と改称)でこの年度の動員計画が決まった。この計画ではじめて「移住朝鮮人」八万五〇〇〇人(全体の七・五%)の動員が組み込まれ、振向先は石炭山、金属山、土木建築などの重労働事業場であった。国内産業への朝鮮人労務者のその後の移住(移入)計画数は、「一九四〇年には『移住朝鮮労務者』八万八〇〇〇人(全体の八%)、四二年の国民動員計画では『朝鮮人労務者』一二万人と年を追って増加し、四三年度計画では『移入朝鮮人労務者』一二万人に加えて五万人の『内地在住朝鮮人労務者』が組み込まれる。四四年度計画では『朝鮮人労務者ノ内地移入ヲ飛躍的ニ増加』して二九万人となり、一般徴用令が適用された」（『北海道と朝鮮人労働者』）。そして一九四二年には「華人労務者内地移入ニ関スル件」が閣議決定され、中国人労務者が動員計画に組み込まれた。

　動員計画に基づく朝鮮本土からの連行は、「募集」「官斡旋」「徴用」と形式を変えながら一九三九年から一九四五年の敗戦までのあいだに、いったいどれほどの朝鮮人が日本に連行されてきたのだろうか。先駆的な調査研究である朴慶植『朝鮮人強制連行の記録』から現在まで、さまざまな分野や角度から調査研究がされてきた。纐纈厚は「被強制連行者は日本国内に限っても、一九四四（昭和十九）年末までに八七万七三〇〇人以上」（「山口県朝鮮人強制連行の史的検証」『朝鮮人強制連行調査の記録―中国編』）というが、海野福寿は「日本内地へ連行した朝鮮人労務者総数を約七〇万―八〇万とおさえることはできよう」（「朝鮮の労務動員」『近代日本と植民地』5）としている。また守屋敬彦は、「一九三九年九月から一九四五年八月までの日本国内への朝鮮人強制連行者数は、七一九，九七九名という数字になる」と推計している（「第二次世界大戦下における朝鮮人強制連行の統計的研究―被連行者数について―」『道都大学紀要』（教養部）一三号）。そのうえで、「全国一〇七個所の地下軍事施設築造への朝鮮人強制連行」や、「沖縄戦時一万数千人いたとされる沖縄在住朝鮮人の問題を考慮」し、さらに「募集方式初期段階での請負業者（特に土木建築業者）、周旋人等による非合法被連行者」や「被強制連行者現場へ連行されて来た朝鮮人女性の『慰安婦』の問題も考慮すると、日本国内への朝鮮人被強制連行者総数は、七〇万人から八〇万人の間とするの

(2)日本への朝鮮人強制連行数

年度	強制連行人数	出所
一九三九(昭和一四)年	五三、一二〇人	第八十六議会説明資料
一九四〇(昭和一五)年	八一、一一九	高等外事月報
一九四一(昭和一六)年	一二六、〇九二	
一九四二(昭和一七)年	二四八、五二一	
一九四三(昭和一八)年	三〇〇、六五四	
一九四四(昭和一九)年	三七九、七四七	『日帝の経済侵奪史』(朝鮮経済統計要覧)
一九四五(昭和二〇)年	三二九、八八九	
	一、五一九、一四二	

が妥当ではないかと考える」としている。また、「既住扱在日朝鮮人労働者の徴用、軍事動員も強制連行の範疇に入れると、日本国内への被強制連行朝鮮人数は一〇〇万人を越えることになる」とした。このほかにもまだあるが、日本人研究者の場合は、日本内地の各事業場に移入された朝鮮人数を、七〇万から八七万三〇〇〇人としている。

　これに対して朴慶植は「約一五〇万名を日本各地に強制的に連行した」(「朝鮮人強制連行」『戦後史大辞典』)としている。また、『朝鮮人強制連行・強制労働の記録—北海道・千島・樺太編』に収録されている琴秉洞朝鮮大学校図書館長が集計した「日本への朝鮮人強制連行数」は、(2)のようになっている。

　この大きな違いは、どこからくるのだろうか。ただ、日本人研究者にも推定で約一二〇万人に達する(山田昭次『近現代史のなかの「日本と朝鮮」』)としている方もいる。しかし、二、三の地方自治体を除いては朝鮮人強制連行の調査は、ほとんど民間人によるものということを知っておくことが大切である。企業や政府が政策としてはじめた朝鮮人強制連行の結末を、敗戦後六五年になるいまも調査にさえ手をつけていないという責任は重い。

朝鮮人強制連行は日本国内だけでなく、日本占領下の東南アジアにも広がっていた。タイ・マレーなどの俘虜監視員として約三〇〇〇人、軍慰安婦を吉見義明は三一，〇〇〇〜一五五，〇〇〇人」（『従軍慰安婦資料編』）と推定している。

また、一九四四年度からは在日朝鮮人の青年も徴兵制によって一斉に入営した。「終戦当時における朝鮮人の軍人としては、陸軍中将二名、少将一名、大佐二名いか佐官約二五名、尉官、見習士官約二〇〇名以下陸軍一八六，九八〇人、海軍二二，二九九人、陸海軍属一五四，九〇七人にたっしていた」（公安調査庁『在日本朝鮮人の概況』）という。

強制連行された朝鮮人たちは、「炭鉱や軍需工場などで暴力的な労務管理のもとで酷使され、『皇民化』訓練や民族差別を受けた」(朴慶植)うえに、過酷な現場での事故死、食糧不足や虐待事件での死傷、病気や怪我でも治療を受けさせて貰えず、多くの怪我人や死者がでたものの、その実態は一部より明らかになっていない。また、強制連行者の死亡率は六・四％〜七・二％にのぼると考える研究者がいる。この説にしたがって仮に一二〇万人が強制連行され、七・二％の死亡率と推定すると、八万六四〇〇人の死者がでたことになる。なお、軍人や軍属として戦場に動員された朝鮮人は、旧厚生省の調査（一九九〇年）では二四万二三四人で、このうち死者は二万二一八一人となっている。だが日本政府は軍人・軍要員も含めて、この犠牲者に対する補償はまったくおこなっていない。強制連行者も含めて帰国対策が不十分なために帰国できず日本に残らざるを得なかった在日朝鮮人は在留権、教育権、人権などを十分に保障されないまま晩年を迎えている朝鮮人が多い。政府は実態調査を実施せず、また強制連行の実態を知らせる行動もとっていないため、日本の若者の中には在日朝鮮人に、「お前たちはなぜ日本にいるんだ」と罵声をあびせる人もいるのは、なんと悲しいことか。

こうしたなかで韓国では盧武鉉大統領が二〇〇〇年二月一三日に、「日帝強制占領下強制被害真相究明等に関する特別法」を成立させて公布した。一一月には「日帝強占下強制動員被害真相糾明委員会」が発足し、公務員四五人、民間人四〇人の事務局で調査を担当した。そして日本の移民地支配下で被害を受けた人たちの受付をはじめたところ、約二ヵ月間で一一万人以上に達した。敗戦後六〇年の歳月が過ぎたいまも、韓国の人たちが抱える戦争の傷の深さと大きさを示している。

だが、日本政府や一部の日本人はこの間に、島根県議会が「竹島の日」条例を可決したり、中学教科書から「慰安婦」の記述をなくするという検定結果を発表した。これに対して盧武鉉大統領は「新対日ドクトリン」や「韓日関係に関する国民への談話」を発表した。二〇〇五年四月にジャカルタで開かれたアジア・アフリカ首脳会議で小泉首相は「植民地支配と侵略が与えた多大の損害と苦痛に、痛切なる反省と心からのお詫び」を発表した。村山談話の繰り返しである。

「外圧を受けて、しぶしぶ事実を認め、不本意ながら小出しに『お詫びと反省』を繰り返すのではなく、歴史の真実を明らかにし、その責任を認め、進んで『謝罪』し、不透明な『償い』ではなく、被害者が納得できる『補償』措置をきちんと国が取る」（土屋公献）ことが求められているのである。

その後、盧武鉉大統領が落選して李明博政権となり、韓国政府は「強制動員被害真相糾明委員会」を予算節約を理由に全廃させた。本来日本がすべき解明であり、朝鮮人強制連行という戦争犯罪の事実をわたしたち日本人の手で掘り起こし、戦争責任を果たしていかなければいけない。

そのためにはまず、日本に強制連行された朝鮮人たちの実態はどうだったのかを、日本人は知らなければいけない。敗戦から六五年になり、連行された現場はますます荒廃し、連行の事実も消えてはきているものの、歩くとまだ多くのことが学ばされる。自分で歩ける範囲で、ぜひ歩く事をおすすめしたい。

参考文献

浅田政広『北海道金鉱山研究』 北海道大学図書刊行会 一九九九年
北海道炭鉱汽船株式会社『七十年史』 同社 一九五八年
三菱美唄炭鉱労働組合『炭鉱に生きる—炭鉱労働者の生活史—』 岩波書店 一九六〇年
朝鮮人強制連行真相調査団『朝鮮人強制連行・強制労働の記録—北海道・千島・樺太篇』 現代史出版会 一九七四年
北海道開拓記念館『北海道における炭鉱の発展と労働』 同記念館 一九七八年
夕張働く者の歴史を記録する会『炭鉱に生きる』 同会 一九七九年
小池弓夫・田畑智博・後藤篤志『地底の葬列』 桐原書店 一九八三年
原田準平・針谷宥『北海道鉱物誌』 北海道立地下資源調査所 一九八三年
オホーツク歴史の会『オホーツク戦争史—史実を訪ねて2』 網走四地区学校生活共同組合 二〇〇一年
朴慶植『朝鮮人強制連行の記録』 未来社 二〇〇五年
二〇〇七年浅茅野調査チーム『二〇〇七年浅茅野調査報告書』 強制連行・強制労働犠牲者を考える北海道フォーラム 二〇〇七年

加藤昭雄『岩手の戦争遺跡を歩く』　熊谷印刷出版部　二〇〇六年
野添憲治『秋田県における朝鮮人強制連行—証言と調査の記録』　社会評論社　二〇〇五年
『舟形町史』　舟形町教育委員会　一九八二年
『朝鮮人強制連行論文集成』　明石書店　一九九三年
『大蔵村史』　大蔵村　一九九九年
『多賀城の海軍工廠と他雇部屋』　多賀城中学校郷土クラブ　一九七七年
『多賀城市史』第二巻　多賀城市　一九九三年
『東北経済』第六四号　福島大学東北経済研究所　一九七八年
『猪苗代町史』　猪苗代町史出版委員会　一九八二年
大塚一二『トラジ・福島県内の朝鮮人強制連行』　鈴木久後援会　一九九二年
『福島の朝鮮人強制連行真相調査の記録』　朝鮮人強制連行福島県真相調査団　一九九三年
『常磐炭田史』いわき市史・別巻　いわき市　一九八九年
『足尾銅山労働運動史』　足尾銅山労働組合　一九五八年
日立市の戦災と生活を記録する市民の会『日立戦災史』　日立市役所　一九八二年
鉱山の歴史を記録する市民の会『鉱山と市民—聞き語り日立鉱山の歴史』　日立市役所　一九八八年
『茨城県朝鮮人慰霊塔』　慰霊塔管理委員会　二〇〇六年
『消し去られた歴史をたどる—群馬県内の朝鮮人強制連行』　群馬県朝鮮人・韓国人強制連行犠牲者追悼碑を建てる会　一九九九年

『記憶、反省そして友好』 群馬県朝鮮人・韓国人強制連行犠牲者追悼碑を建てる会 二〇〇四年
鈴木龍二『武州八王子史の道草』 多摩文化研究会 一九六八年
『あの忌まわしい過去は再び繰り返してはならない―西東京朝鮮人強制連行の記録』 西東京朝鮮人強制連行真相調査団 一九九七年
『紀要』第一五号 東京都立館高等学校 一九九八年
『解説と資料・松代大本営』 松代大本営資料研究会 一九八六年
『マツシロへの旅』 松代大本営の保存すすめる会 一九八七年
『松代大本営象山地下壕学術調査報告書』 松代大本営の保存すすめる会 一九九〇年
『朝鮮人強制連行調査の記録―中部・東海編』 柏書房 一九九七年
『はんだ郷土史だより』 はんだ郷土史研究会 二〇〇七年
『写真集・証言する風景―名古屋発／朝鮮人・中国人強制連行の記録』 風媒社 一九九一年
『朝鮮人強制連行調査の記録―中国編』 柏書房 二〇〇一年
尾上守・松原満紀『住友別子銅山で〈朴順童〉が死んだ』 晴耕雨読社 一九九七年
『原爆と朝鮮人』 長崎県朝鮮人強制連行・強制労働実態調査報告書・第五集（七万人探訪の旅） 長崎在日朝鮮人の人権を守る会 一九九一年
『三人の元日本兵と沖縄』 読谷村役場 二〇〇二年
『読谷村の戦跡めぐり』 読谷村役場 二〇〇三年
『沖縄の戦跡と軍事基地』 かりゆし出版企画 二〇〇七年

著者紹介

野添憲治（のぞえ・けんじ）

1935年，秋田県藤琴村（現・藤里町）に生まれる。新制中学を卒業後，山林や土方の出稼ぎ，国有林の作業員を経て大館職業訓練所を終了。木材業界紙記者，秋田放送ラジオキャスター，秋田経済法科大学講師（非常勤）などを経て著述業。

著書に『出稼ぎ』（三省堂），『開拓農民の記録』（NHKブックス），『秋田杉を運んだ人たち』（御茶の水書房），『企業の戦争責任』『秋田県における朝鮮人強制連行』『野添憲治著作集　みちのく・民の語り』（全6巻），『シリーズ・花岡事件の人たち――中国人強制連行の記録』全4巻（以上社会評論社）などがある。

『塩っぱい河をわたる』（福音館書店）で第42回産経児童出版文化賞を受賞。

遺骨は叫ぶ――朝鮮人強制労働の現場を歩く

2010年8月15日　初版第1刷発行

著　者――――野添憲治
発行人――――松田健二
発行所――――株式会社 社会評論社
東京都文京区本郷2-3-10
☎ 03(3814)3861　FAX 03(3818)2808
http://www.shahyo.com
組　版――――スマイル企画
印刷・製本―――技秀堂